KB215146

개혁교회 공예배

What to Expect in Reformed Worship 2e

Originally published in English as What to Expect in Reformed Worship by
Wipf and Stock Publishers, Eugene, OR, USA.
Copyright © 2007 Daniel R. Hyde, of the English original version by Daniel R.
Hyde.
This edition licensed by special permission of Wipf and Stock Publishers(www.
wipfandstock.com) through arrangement of rMaeng2, Seoul, Republic of Korea.
All rights reserved.

This Korean edition © 2019 by Reformed Practice Books, Seoul, Republic of
Korea.

이 한국어판의 저작권은 알맹2 에이전시를 통하여 Wipf and Stock Publishers와 독점
계약한 개혁된실천사에 있습니다.
신 저작권법에 의해 한국 내에서 보호받는 저작물이므로 무단 전재와 무단 복제를 금합
니다.

개혁교회 공예배

초판 1쇄 발행 2019. 7. 18.
초판 2쇄 발행 2024. 1. 10.

지은이   대니얼 R. 하이드
옮긴이   이선숙
펴낸이   김종진
등록번호   제2018-000357호
등록된 곳   서울특별시 강남구 선릉로107길 15, 202호
발행처   개혁된실천사
전화번호   02)6052-9696
이메일   mail@dailylearning.co.kr
웹사이트   www.dailylearning.co.kr

책값은 뒤표지에 있습니다.
ISBN 979-11-966781-5-9   03230

개혁된
실천
시리즈

개혁교회 공예배

WHAT TO EXPECT IN
REFORMED WORSHIP

대니얼 R. 하이드 지음

이선숙 옮김

개혁된실천사

성경적, 기독교적, 개혁파 예배의 옛 길을 고수해 온 모든 성도들에게 이 책을 바친다. 그들이 그렇게 해 왔기에 나 같이 새로 들어온 사람도 그 예배 안에서 무언가 본질적인 것을 발견할 수 있었으며, 앞으로 새로 들어올 다른 사람들도 우리 예배를 통해 그리스도께 매달릴 수 있게 된다.

목차

재판 서문

"나와 함께 여호와를 광대하시다 하며 함께 그의 이름을 높이세"(시 34:3). 예배와 관련하여, 여러분 손 안에 있는 이 작은 책자가 계속해서 많은 사람에게 가르침과 영감을 주는 원천이 되니 참으로 감사하다. 재판(再版)에서도 초판의 구조를 그대로 유지했고, 개혁교회에 처음 오는 분들에게 우리 예배의 기본 요소들을 소개하려는 목적을 그대로 유지했다. 다만 문체는 조금 손을 보았다. 수년간 작가로 일하면서 실력이 늘은 덕분이다. 또 어떤 장은 좀 더 정확성을 기하고 깊이를 더하기 위해 분량을 늘리기도 했는데, 예를 들어 저녁 예배 샘플을 추가하였다. 마지막으로 목회자의 예복에 대해 다루던 마지막 장을 부록으로 옮겼다. 더 많은 목회자와 교회가 이 책을 부담없이 사용할 수 있게 하기 위해서이다. 더 많은 사람이 우리 놀라우신 삼위일체 하나님을 찬양하고 높이는 일에 자라 가는 데 이 책이 도움이 되기를 기도한다.

서론

나는 예수 그리스도께로 회심하고 나서, 날마다 모든 방법을 동원하여 주님을 예배하고자 열심을 내었다. 매주일 오전 예배를 드렸고, 주중에도 예배와 성경공부 모임에 참석했고, 차 안에서는 찬양을 불렀고, 대학 기숙사에서도 찬양을 불렀고, 점심을 먹으면서는 성경을 읽었고, 가족 및 친구들과는 주님에 대해 이야기를 나눴고, 라디오 설교도 들었다. 이렇게 열심을 내며 "잘 달려가던 중", 그만 슬프게도 대학교 1학년 시기에 환멸이 찾아와서 "방해를 받았다"(갈 5:1). 회심한 지 얼마 안 된 상태에서 기독교 대학을 선택했는데, 다른 큰 대학보다는 내 믿음이 더 견

고해지는 데 도움이 될 거라는 생각에서였다. 기독교 대학에서 나는 성경, 신학, 교회사 과목을 필수로 이수해야 했고, 매주 세 차례 채플도 참석해야 했다. 그런데 이 모든 일에 무엇이 환멸을 느끼게 했을까? 솔직히 모든 것이 부질없어 보였다. 친구들과 다른 사람들은 주중 내내 술, 마약, 섹스에 찌들어 파티를 즐기다가, 채플 시간에 결신 기도 때만 의례적으로 자신의 삶을 "재헌신"하거나 대학 목회자에게 걸리면 "회개"하는 게 전부였다. 그런 모습을 보면서, 나는 교회 가는 것과 채플에 참석하는 것을 그만두게 되었다. 하지만 그럼에도 한 가지, 나를 결국 이런 깊은 실망과 회의에서 건져내준 것이 있었다. 그것은 어느 개혁교회의 예배였다. 기독교 라디오 방송에서 이 교회에 대한 광고를 들은 후 호기심이 생겨서 이 개혁교회의 예배에 참석했을 때 나는 내가 그동안 찾고 있던 예배의 깊이를 발견할 수 있었다. 예배는 경건하고 기쁨이 넘쳤고, 예식은 성경 그대로였고, 성찬을 기념할 때는 경외감과 평안이 나를 에워쌌다. 왜 예배 순서가 그러한지, 언제 일어서고 언제 앉는지, 심지어 어떻게 찬양을 부르는지도 잘 몰랐지만, 그 예배에는 진실된 무언가가 있음을 알 수 있었다. 그리고 내게 절실히 필요한 것은 바로 그것이었다!

성경에 맞게 예배 순서가 구성되고 은혜로운 삼위일체 하나님을 뜨겁게 경배하는 그런 예배가 내게는 필요했다. 그 후 몇 년 동안, 나는 모든 인간은 "하나님을 영화롭게 하고 그를 영원토록 즐거워하기 위해"(웨스트민스터 소요리문답 1문) 지음받았다는 것을 알게 되었다. 우리의 모든 삶은 마음을 다하고 목숨을 다하고 뜻을 다하여(마 22:37) 하나님을 예배하는 데 드려져야 한다. 그리고 이러한 삶의 예배는 모든 회중이 모여 공개적으로 "사람이 내게 말하기를 여호와의 집에 올라가자 할 때에 내가 기뻐하였도다"(시 122:1)라고 고백할 때 절정을 이룬다.[1]

또한 우리는 외톨이로 우리 창조주를 예배하도록 지음받은 것이 아님도 알게 되었다(히 10:25). 태초에 성부, 성자,

---

1. 공예배가 그리스도인의 삶의 절정이라는 전통적인 개혁교회의 관점을 참고하려면 Clarkson, "Public Worship," 3.187 – 209을 보라.

성령의 영원한 공동체로 계시는 하나님께서 "우리가 사람을 만들자"(창 1:26)라고 말씀하셨다. 이어서 "하나님이 자기 형상 곧 하나님의 형상대로 사람을 창조하시되 남자와 여자를 창조하셨다"(창 1:27). 하나님은 우리를 공동체로부터(out of), 공동체 안으로(into), 공동체를 위해(for) 창조하셨다. 그러나 우리 모든 인류를 대표하는 아담은 창조주의 뜻을 거슬러 죄를 지어 창조 목적을 거슬렀다(창 3:1-6; 롬 5:12-21). 아담은 하나님을 영화롭게 하라는 창조 목적을 거슬렀을 뿐 아니라, 그의 죄 때문에 모든 인류는 타락했고 진정한 예배를 드리지 못하게 되었다. 그러나 너무나 놀라우신 하나님은 그에 대한 반응으로, 피조물을 섬겨주셨다! 하나님은 창조주를 피해 나무 가운데 숨은 아담과 하와에게 오셔서 동물 가죽으로 옷을 입히셨다. 성경에 따르면, 이것은 하나님이 그들의 죄를 덮으셨음을 그들에게 가시적으로 보여주신 것이다(창 3:7-8,21). 하나님이 은혜로 그들을 섬기시자 이번에는 그들이 반응했다. 세상에 속한 공동체가 도시 건축과 동물 사육, 음악, 야금술(광석에서 금속을 골라내고 정련하는 기술) 등을 통해 자신들의 이름을 냈던 반면(창 4:17-22), 믿음의 공동체는 모여서 "여호와의 이름을 불렀다"(창 4:26).

또한 진정한 예배는 초월적이며, 나나 우리 회중보다 더 크다는 것을 알게 되었다. 우리는 주를 믿는 모든 신자들, 즉 "구름 같이 둘러싼 허다한 증인들"(히 12:1)과 연합되어 있으며, 주의 거룩한 백성의 일원으로서 주일 예배를 위해 모인다. 우리는 또한 하나님을 예배함으로써 하나님을 섬긴다. 이것은 하나님께서 먼저 그 아들 예수 그리스도 안에서 그의 은혜의 풍성함을 따라 우리를 섬겨 주셨기 때문이다(엡 1:7-8). 예수 그리스도께서 이 땅에 오셔서 우리 대신 완벽한 삶을 사셨고, 우리 대신 죽으셨고, "우리를 의롭다 하시기 위하여 살아나셨다"(롬 4:25). 예수님은 성령의 능력으로 우리를 자기에게로 부르시고, 그분의 말씀 안에서 우리에게 보배로운 약속들을 들려주시고, 성례의 예식을 통해 우리에게 신령한 음식을 먹여 주시고, 그분의 능력과 성령을 덧입혀 우리를 세상으로 보내심으로써 계속해서 우리를 섬기신다. 우리는 그분의 놀라운 은혜에 대한 반응으로 성령의 능력 안에서 그분께 감사가

넘치는 진심을 다한 예배를 드린다. 따라서 예배는 하나
님이 은혜로 우리를 섬겨 주신 것에 대한 반응으로 우리
가 행하는 것이다.

서론을 빌어 많은 것을 말했는데, 개혁교회 예배가 여
러분에게는 낯설 수 있음을 인정한다. 나도 그랬었고 내
가 개척한 교회(오션사이드 연합개혁교회)의 많은 성도들도 그
랬었고 또한 다른 교회 배경으로부터 개혁교회로 오게
될 전세계의 많은 사람도 그럴 것이니 안심하기 바란다.

또 개혁교회 예배가 여러분에게는 "가톨릭스럽게" 보
일 수 있음도 인정한다. 하지만 분명히 말하지만 우리는
로마 가톨릭이 아니다. 우리는 개신교 교회이다.[2] 16세기
종교개혁 당시 마틴 루터, 마틴 부처, 존 칼빈 등은 당시
교회의 공예배를 성경 말씀에 맞추어 개혁하고자 했다.
그것은 또한 초대교회의 모습으로 돌아가는 것이기도 했
다. 그들은 기존의 것들 중에 성경적이지 않은 모든 것들,

---

2. 개혁교회의 역사와 신학에 대한 기본적인 소개를 원하면 저자의 다음의
책을 보라. Hyde, *Welcome to a Reformed Church* 《개혁교회에 오신
것을 환영합니다》(부흥과개혁사).

초대교회의 모습과 같지 않은 모든 것들을 제거했다. 그래서 우리 예배에는 사제(제사장)가 존재하지 않으며 말씀의 대언자(종)가 있다. 그는 사제복을 입지 않고 단순하고 위엄 있는 의복을 입는다. 우리 예배에는 제단이 존재하지 않으며 다만 성찬상이 있다. 우리는 마리아나 다른 성인들에게 기도하지 않고 예수 그리스도의 이름으로 하나님 아버지께 성령으로 기도한다(엡 2:18; 벧전 2:5). 우리는 죽은 자들을 위해 기도하지 않고 교회와 세상의 살아 있는 필요를 위해 기도한다.

이 책자의 목적은 우리 개혁교회 예배의 기본 요소들을 교육시키고 숙지시켜서, 우리 개혁교회 예배에 대해 알게 하는 것이다. 여러분이 우리 개혁교회 예배를 잘 숙지하여, 함께 예배드릴 때 우리와 함께 듣고 보는 것에 좀 더 적극적으로, 기쁘게, 의미 있게 반응할 수 있기를 기도한다. "아멘! 하나님을 찬양합니다!"(시 106:48)

Venite exultemus Domino! 오라 여호와께 노래하자!

1장
큰 그림

먼저 우리 예배의 "큰 그림"을 그려보겠다. 전체적인 예배 순서를 살펴보면, 종합하여 짜맞추기 힘든 여러 요소들이 별개로 존재하는 것처럼 보일 것이다. 퍼즐을 맞추려면 완성된 퍼즐 모양이 필요한 것처럼, 여러분도 우리가 모여서 하는 행위 뒤에 있는 큰 원리들과 그러한 행위를 하는 이유를 알 필요가 있다. 따라서 이번 장은 어쩔 수 없이 신학을 다룰 수밖에 없다. 왜냐면 어떤 교회의 어떤 예식이든 (매우 "형식적이든" 아니면 아주 "자유롭든" 간에) 거기에는 반드시 신학이 반영되어 있기 때문이다. 어떻게 예배를 드리는가는 하나님에 대해 무엇을 믿는가를 반영한다. 다시 말해 예배는 신학이 행동으로 드러나는 것이다. 이 장에서 먼저 큰 그림을 살펴본 후에, 다음 두 장에서 삼위일체 하나님을 예배하는 우리 개혁교회 예배의 구체적인 부분들을 살펴볼 것이다.

하나님과의 만남

우리 예배에서 여러분은 "거룩, 거룩, 거룩"(사 6:3; 계 4:8)하신 삼위일체 하나님을 만나리라 기대할 수 있다. 모세가 장막에서 "사람이 자기의 친구와 이야기함 같이 대면하여" 하나님을 만났던 것처럼(출 33:7-11), 이제는 모든 하나님의 백성이 "그 길은 우리를 위하여 휘장 가운데로 열어 놓으신 새로운 살 길이요 휘장은 곧 그의 육체니라"(히 10:20)라는 말씀에서 제시하는 그 길을 따라 하나님을 만나기 위해 그분의 임재 안으로 들어간다. 이것이 예배의 경이로움이다. 온 우주의 하나님이 그분의 아들, 예수 그리스도 안에서 자신을 우리에게로 낮추셨고(몸을 굽히셨고), 성령의 능력으로 우리를 그분의 임재로 이끄시기 위해 우리의 구속자가 되셨다. 이 위대하신 하나님을 만나는 것이기에, 우리 예배는 즐겁고 숭배적이며 다분히 목적적이다.

　성경은 우리 하나님이 전능하시고 언약을 맺으시는 하나님이라고 분명히 가르친다. 하나님은 먼저 아담과 하와와 언약 관계를 맺으며 그들을 창조하셨다(호 6:7). 그러다 아담이 죄를 지어 그 관계를 깨뜨리자 하나님은 구조에 나서셨다. 하나님이 구조에 나선 것을 우리는 "은혜언약"이라고 부른다. 창세기 3장 15절에서 처음 그 언약에 대해 듣게 되는데, 여기서 하나님은 여자의 후손이 뱀의 후손의 머리를 밟을 것을 약속하셨다. 주께서는 온 역사 속에서 그분의 백성을 예배 중에 만나기 위해 모으시는데, 여자의 후손인 예수 그리스도께서(갈 4:4) 사탄을 이겨(요 12:31; 계 12장) 구원의 절정에 이르기까지 이 은혜 언약은 계속되었다. 우리는 죄악되고 부패한 자들이므로, 예배는 언제나 하나님이 주도권을 쥐사, 성령이 아니면 결코 예배하지 않을 우리를 예배로 부르심으로써 시작된다. 우리 예배는 하나님의 주권과 거룩하심, 죄 안에 있는 우리의 끔찍한 눈먼 상태, 은혜와 자비 안에서 자신을 낮추사 우리를 만나주시는 하나님이라는 성경적 가르침을 반영한다.

대화

모든 성경적 언약에는 말하는 측과 응답하는 측, 양측이 있다. 예배의 만남은 위대하신 하나님이 우리에게 은혜로 말씀하시고, 우리는 그것에 감사로 응답하는 대화 구조로 되어 있다. 이점에서 우리 개혁교회 예배의 구조와 "느낌"은 현대 복음주의 교회의 전형적인 예배 모습과 다르다. 많은 현대 교회가 하나님의 부르심과 우리의 응답(은혜와 감사)이라는 이 순서를 거꾸로 하고 있다. 그래서 먼저 찬양을 부르고 그 다음에 하나님의 말씀을 듣는다. 사실 현대에 유행하는 "예배"는 사람들이 찬양을 부르고, 목회자가 "설교"를 하고, 이어 종종 "결신 기도"(성만찬 예식의 대체물)로 이어지는데, 이런 예배는 성경에서 유래한 것이 아니라 19세기 미국 개척 부흥 집회에서 유래한 것이다. 이러한 현대 예배 형식의 배후에 있는 신학은 예배에서 사람의 역할을 하나님의 역할보다 앞에 놓는다. 그 필연적인 결과는 행위 중심적인 신학과 경건이다. 이것들은 자유의지와 순종에 기반한 축복을 중심으로 한다.

그러나 개혁교회 예배는 개혁 신학을 반영하기 때문에, 하나님의 은혜가 먼저이고, 우리의 감사는 그 다음이다. 그러므로 우리 예배는 "부르심―응답"이라는 성경적 형식을 따르고 있어 하나님이 우리에게 말씀하시고 우리는 그분께 응답한다. "우리가 함께 모이는 것은 우리가 그분의 손에서 받은 큰 은혜들을 감사하기 위해서이고, 그분께 최고의 찬양을 드리기 위해서이고, 그분의 가장 거룩한 말씀을 듣기 위해서이고, 몸과 영혼을 위해 우리에게 필요한 것들을 구하기 위해서이다"(성공회 공동기도문). 사도 요한은 "우리가 사랑함은 그가 먼저 우리를 사랑하셨음이라"(요일 4:19)라고 말했다. 이러한 구조를 표로 그려 보면 다음과 같다.

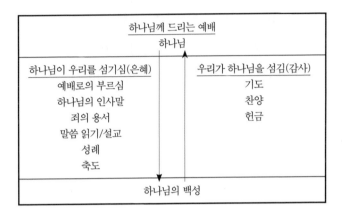

하나님께 드리는 예배
하나님

하나님이 우리를 섬기심(은혜)　　　우리가 하나님을 섬김(감사)
예배로의 부르심　　　　　　　　　기도
하나님의 인사말　　　　　　　　　찬양
죄의 용서　　　　　　　　　　　　헌금
말씀 읽기/설교
성례
축도

하나님의 백성

경외와 초월

하나님은 영과 진리로 예배하는 자(요 4:24)를 찾으신다. 하나님은 그분의 임재로 들어가고 거룩한 땅으로 들어가는(출 3:5) 자를 찾으신다고 성경은 가르친다. 이런 이유로 성경은 하나님의 백성에게 "경건함과 두려움으로 하나님을 기쁘시게 섬기라"(히 12:29; 신 4:24)고 요구하며, "떨며 즐거워"(시 2:11)하라고 요구한다. 성경은 주님을 섬기는 것(우리가 교회로 모이는 것을 "섬김(service)"이라고 부르는 이유는, 그 안에서 하나님이 우리를 섬기시고 우리가 하나님을 섬기기 때문이다)은 우리 기분을 좋게 하거나, 감정적인 경험을 하거나, 최근 유행하는 예배 방식을 실험해보는 그런 것이 아니라고 가르친다. 예배는 하늘 보좌에 앉으시고, 자기 백성에게 선물을 주시고, 그럼으로써 그들에게서 영광을 받으시는(계 4-5장) 우리 삼위일체 하나님에 관한 것이다. 개혁교회 예배는 우리 마음과 생각을 우리 자신에게서 들어 올려 그리스도 안에 있는 하나님의 영광에 고정시킨다. 우리 마음과 생각을 이 세상으로부터 "내세의 삶"에 대한 소망으로 옮기는 것이다(니케아 신조).

경외심을 가지고 예배하기 때문에, 우리 예배(service)는 "품위 있고 질서 있다"(고전 14:40). 우리는 과거의 그리스도인들과 역사적 연속성을 갖는 예배 순서를 따른다. 이것은 성경대로 개혁된 것일 뿐 아니라, 교회사에서 정보를 얻고 이를 종합하여 합당하게 구성된 것이다. 개혁교회 예배는 디다케(A.D. 120), 순교자 저스틴의 첫 번째 변증서(A.D. 155), 터툴리안의 변증서(A.D. 197) 등 초대교회 문서들에 묘사된 예배 형식을 기본적으로 따른다. 이러한 고대 교회의 문서들은 프로테스탄트 종교개혁의 역사적 예전들의 토대였다. 예를 들어 마틴 부처의 〈스트라스부르크 예전〉(1539), 존 칼빈의 〈제네바 예전〉(1545), 토마스 크랜머가 썼고 마틴 부처, 피터 마터 버미글리, 존 후퍼가 개정한 〈성공회 공동기도문〉(1552), 독일 개혁파 신학의 중심에서 나온 〈하이델베르크 예전〉 등은 고대 교회의 문서들에 기반을 두고 있다. 따라서 개신교 종교개혁 운동은 없는 것을 창조한 것이 아니라, 이미 있던 것을 개혁한 것이었다. 우리 선조들은 "목욕물과 함께 아기까지 버리는" 실수를 범하지 않고, 중세 시대 예배에 존재했던 것 중에 취할 것을 취해 고대 교회의 증언과 성경의 "원천으로 돌아갔다"(*ad fontes*). 개혁가들은 중세 미사에 스며들어 있던 우상숭배적 요소와 비성경적 내용들을 제거하고 성경적인 고대의 중심핵으로 돌아갔다. 그들은 바퀴를 새로 발명한 것이 아니었다.[1]

따라서 우리와 함께 모일 때 여러분이 드릴 예배는 고

---

1. 더 자세한 정보는 Hyde, "According to the Custom of the Ancient Church? Examining the Roots of John Calvin's Liturgy," 189–211 을 보라.

대 교회의 역사적 예전들과 맥을 같이하는 온전히 성경적인 예배이다. 이것은 16세기 개신교에 바탕을 둔 종교개혁가들이 부활시킨 예배이다. 바라기는 하나님 말씀에서 나온 이러한 영원한 원리들이 수세기에 걸쳐 전해지면서 21세기에도 잘 계승되었으면 한다. 우리는 단순히 전통을 위한 전통을 원하는 것이 아니다. 우리는 우리의 예배가 성경에 바탕을 두고 성경의 빛 안에서 항상 개혁되길 원한다.

공동 예배(common service)

우리 개혁교회 예배와 함께할 때 당신은 참여자(partici-pant)가 될 수 있다. 역사적 기독교 내지 개신교 예배는 "공동예배"(common worship)이다. 이 말은 회중이 수동적이지 않고 능동적이라는 의미이다. 하나님의 임재로 들어가 하나님과의 대화에 참여하면서, 공동체가 다함께 거룩하신 삼위일체 하나님께 각자의 사랑과 찬양과 숭배를 표현한다. 우리 예배는 하나님과 그분의 백성 간의 대화이다. 거기서 그분은 말씀하시고 우리는 응답한다. 그러므로 우리는 물러나 앉아 있고, 목회자나 찬양 리더나 찬양팀이 그 일을 하도록 떠맡기는 것이 아니다. "예전(liturgy)"은 문자 그대로 "백성의 일"이다.

따라서 예배 처소에 들어서면 먼저 예배 순서나 "예전"이 적힌 순서지를 받게 될 것이다. 천상의 교회가 정해진 형식과 패턴을 가지고 예배를 드리기 때문에, 우리도 그렇게 한다(계 4-5장). 먼저 다함께 "오라 우리가 굽혀 경배하며 우리를 지으신 여호와 앞에 무릎을 꿇자"(시 95:6)라고 노래한다. 그 다음 "우리 아버지"(마 6:9)라고 부르며 같이 기도한다. 그 다음 니케아 신조로 "우리는 한 분 하나님을 믿습니다"라고 외치며 우리 믿음을 같이 고백한다. 예배에서 우리는 한 목소리와 한 마음으로 반응한다.

예배를 구성하는 모든 순서가 (우리의 응답과 찬송에서부터 기도와 성경 읽기에 이르기까지) 성경을 바탕으로 성경적 언어로 이루어진다는 것을 알게 될 것이다. 이렇게 할 때 얻는 유익은, "그리스도의 말씀"을 배우게 되고, 나이가 많든 적든, 유아 세례를 받은 사람이건 새신자건 기존 성도이건 상관없이 그 말씀이 "풍성하게 우리 안에 거하게" 된다는 것이다. 이렇게 할 때 우리는 "감사하는 마음"(골 3:16)으로 하나님께 응답할 수 있다.

예배에 참석한 어린이

개혁교회 예배는 공동(common) 예배이고 공동체적(corporate) 예배일 뿐 아니라 언약적 예배이다. 예배는 신학을 반영한다는 것을 기억하라. 우리는 개혁교회로서, 교회는 하나님과 언약을 맺은 모든 사람의 공동체라고 성경이 가르친다고 믿는다. 즉 "어른들뿐만 아니라 유아들도 언약과 하나님의 백성에 속한다"(하이델베르크 요리문답 74문)는 의미이다. 부모 중 적어도 한 명이 그리스도를 믿는 믿음과 그리스도를 향한 순종을 고백하는 경우 그 자녀들은 "그 점에서 언약 안에 있다"(웨스트민스터 대요리문답 166문).[2] 따라서 공예배는 우리가 공동체적으로 자녀에게 "성도에게 단번

---

2. 더 자세한 사항은 Hyde, *Jesus Loves the Little Children*, 29‒47을 보라.

에 주신 믿음"(유 3절)을 가르치는 장소이다. 이것은 우리 예배에 어린이도 참석한다는 의미이다. 이러한 관행은 이스라엘이 오래 전 세대부터 실천하던 것과 일맥상통한다. 시편 저자는 이렇게 기록한다.

우리가 이를 그들의 자손에게
숨기지 아니하고
여호와의 영예와 그의 능력과
그가 행하신 기이한 사적을
후대에 전하리로다(시 78:4).

이것은 늙은이건 젊은이건, 교회에 속한 모든 사람이 신자들의 몸에 속한다는 의미이다. 이 부분이 우리 교회에 새로 방문한 사람이나 새로운 멤버가 제일 적응하기 힘들어하는 부분 중 하나이다. 많은 사람들이 아이들을 "어린이 교회"로 분리하여 예배하게 하는 데 익숙해져 있기 때문이다. 그러나 성경은 모든 하나님의 백성에게 (젊은이건 늙은이건) "여호와께 즐거운 찬송을 부를지어다"(시

100:1)라고 요청한다(흠정역 영어 성경은 'make a joyful noise'라고 기록하여 즐거운 소음을 강조함—편집주). 그러므로 우리 예배는 예수님의 어린아이들이 내는 찬송과 소음으로 가득하다. 우리는 교회의 멤버로서 이것을 받아들인다. 왜냐면 우리는 서로의 지체이기 때문이다(롬 12:4-5; 고전 12:12-27).

이것이 우리에게 익숙한 예배 유형과 다르고 또한 어려운 일이라는 걸 우리도 안다. 이런 이유로, 우리 개혁교회들 대부분은 필요할 때 도움을 주기 위해 어린아이들을 위한 유아실이나 울 수 있는 방을 제공한다. 마지막으로 어른과 어린이가 함께 드리는 이러한 언약적 예배의 가치를 충분히 알고자 한다면, 여러분도 자녀에게 예배에 대해 가르치고 어떻게 참여해야 하는지 가르쳐야 할 것이다. 예배 전, 예배 중, 예배 후에 자녀를 도울 수 있는 몇 가지 기본적인 방법들이 있다.

1. 예배에 오기 전에 아이들과 함께 주일에 읽을 성경 말씀을 읽어보고, 주중에 "금주의 찬양" 혹은 "이번 달의 찬양"를 불러보라. 여러분 교회의 예배 순서가

교회 홈페이지에 게재되어 있지 않거나 이메일로 오지 않는다면 목회자에게 도움을 요청하라.

2. 성경이 필요하거나 찬송가가 필요한 경우에는, 요청하기만 하면 제공받을 것이다.

3. 자녀에게 주보와 찬송가, 성경책을 주어서 예배에 참여하도록 도우라. 아니면 같이 봐도 좋다. 자녀들이 예배 순서에 따라 주보에 동그라미를 치게 하고 '설교 받아 적기'를 하게 하는 것도 좋다.

4. 예배 중에 진행되는 순서에 대해 조용히 자녀에게 말해주라. 자녀에게 마음껏 설명해주고 질문을 해도 좋다. 이것은 자녀들이 예배에 참여하는 데 도움이 된다.

5. 자녀가 예배에 참여하도록 돕는 또 다른 방법은 자녀들이 가진 돈의 일부를 헌금하게 하거나 매주 가족 헌금을 드리게 하는 것이다.

6. 집에 가는 길에(아직 기억에 남아 있을 때) 예배와 설교에 대해 다시 말해주라. 점심을 먹으며 서로 나눌 수도 있고 밤에 기도하기 전에 함께 나누어도 좋다.[3]

"예전"

영어 단어 "liturgy(예전)"는 고대 그리스어 "service(섬김)"에서 유래한 말이다. 우리는 이 단어에서 예배는 섬김이라는 아이디어를 얻는다. 앞서 말했듯이, 예배는 하나님이 우리를 섬겨주시는 것이고 우리가 하나님을 섬기는 것이다. 예전은 간단히 말해 이러한 섬김이 행해지는 순서이다. 그러므로 모든 교회는 예전적이다. "예전"은 로마 가톨릭교회나 "전통적인" 교회들 같은 일부 교회만 갖고 있는 것이 아니고 세상의 모든 교회가 예전을 갖고 있다. 어떤 교회는 좀 더 형식에 철저할 수 있고, 어떤 교회는 좀 더 비형식적일 수도 있고, "예전"이 주보에 나와 있어서 그대로 따라할 수도 있고 아닐 수도 있지만, 그렇다고 해서 어떤 교회는 예전적이고 어떤 교회는 그렇지 않다고 말할 수는 없다. 우리가 물어야 할 것은 교회에 예전이 있

---

3. 어린이의 예배 참석에 대한 탁월한 자료는 Castleman, *Parenting in the Pew*를 보라.

느냐 없느냐가 아니라, 그 예전이 성경적인가 아닌가이다. 그러므로 성경의 빛에 비추어서 우리의 예전이 하나님과 그리스도와 우리 자신에 대한 위대한 진리를 말하고 있는지를 살펴보아야 한다.

규정 원리

마지막으로, 가장 중요한 원리가 있다. 개혁교회는 "하나님께서 당신의 말씀 안에서 명령하신 방식과 다른 방식으로" 하나님을 예배해서는 안 된다고 믿는다(하이델베르크 요리문답 96문). 이것은 예배 순서를 구성하는 구체적인 요소가 하나님이 친히 우리에게 명시적으로 명령하신 것이거나, 성경에 예시되어 있는 것이거나, 영감된 하나님의 말씀을 해석하는 확고한 해석 원리로부터 이끌어 낼 수 있는 것이어야 한다는 의미이다. "경건함과 두려움으로 하나님을 기쁘시게 섬기는"(히 12:28) 방법은 이것뿐이다. 우리는 이것을 "규정 원리"라고 부른다. 십계명도 이것을 가르치고 있다. 유일한 참된 신이신 하나님은 백성에게 오직 자신만 예배하라고 명령하시고(1계명) 또한 자신이 말씀하신 방법으로 예배해야 한다고 명령하신다(2계명).

성경에는 하나님이 그의 백성을 어떻게 섬기시는지 그리고 백성이 그분을 어떻게 섬겨야 하는지 충분히 설명해주는 구절들이 아주 많이 나온다. 일반적으로 말해서, 삼위일체 하나님이 받으실 만한 예배의 요소들은 하나님이 우리를 섬겨주시는 말씀과 성례전, 우리가 그분을 섬기는 기도로 구성된다(행 2:42, 하이델베르크 요리문답 103문 참조).

하나님이 그의 말씀 안에서 우리에게 말씀하실 때 그것은 하나님이 우리를 섬기시는 것이다. 특히 말씀으로 우리를 예배로 부르실 때(시 95편), 말씀으로 우리를 맞아주실 때(계 1:4-5), 율법을 통해 자신이 우리에게 요구하시는 것을 말씀하실 때(출 20장; 신 5장; 스 8:1-8), 말씀 속에서 용서를 선포하실 때(요일 1:9; 마 18:18; 요 20:23), 선포될 말씀을 읽을 때(딤전 4:13), 말씀을 전하는 목회자의 목소리를 통해 말씀하실 때(딤후 4:2), 말씀에 기반한 축도로 은혜를 부으시며 우리를 세상으로 파송하실 때(민 6:24-26; 고후 13:14), 이러한 섬김이 표현된다. 또한 세례식과 성만찬 예식이 그리스도의 명령을 따라 행해질 때, 하나님이 은혜 안에서 우리를 섬기시는 것이다(눅 22:17-20; 고전 11:23-26). 어거스틴을 따라 우리는 이것들을 "보이는" 말씀이라고 부르는데, 귀로 들리던 약속들이 이러한 예식들을 통해 손으로 만질 수 있게 전달되기 때문이다.

이에 대한 응답으로 우리는 기도로 하나님을 섬긴다. 우리의 기도는 여러 특별한 방식으로 표현된다. 성경적 관점에서 연보(고전 16:2)는 감사의 맹세를 돈으로 내는 것이다. 게다가 성경은 아주 다양한 기도 형태에 대해 말한다. 목회 기도(딤전 2:1), 죄의 고백(시 51편), 하나님 찬양(시 8편), 회중 찬송, 특히 언약 백성의 신령한 노래책인 시편 찬송(엡 5:19; 골 3:16) 등이다. 개혁교회는 시편을 노래한다. 어떤 개혁교회는 시편 찬송만 부르지만, 대개는 시편이 찬양의 대부분을 차지하되 그 외에도 성경의 가르침을 충실하게 반영하는 다른 노래들도 부른다.

이렇게 우리 공예배의 **"큰 그림"**을 보여주는 이유는 예배 순서들이 갖는 의미를 알려주기 위해서이다. 예배는 위대하고 은혜로우신 하나님과의 만남으로, **은혜와 감사**

의 대화에 경건하고 초월적인 방식으로 참여하는 것이다. 이 만남에는 어린이를 비롯한 모든 하나님의 백성이 포함되며, 모든 순서는 하나님이 자신의 말씀 안에서 명령하신 방식에 따라 이루어진다.

2장
우리 예배의 중심 요소들

지금까지 우리 예배의 "왜"(why)에 대해 살펴보았다면, 이제는 "무엇"(what)에 대해 살펴보자. 이번 장에서는 우리 예배의 중심 요소들을 반추해 볼 것인데, 앞서 언급한 말씀, 성례전, 기도가 그것이다. 이것들이 예배의 중심 무대를 차지한다. 이것들은 "그리스도께서 그의 중보의 혜택을 그의 몸된 교회에 전달하시는 외적인 보통의 방편"(웨스트민스터 대요리문답 154문)이기 때문이다.

은혜의 방편들

우리 예배에 참석하면 "은혜의 방편"이라고 부르는 것에 주로 초점이 맞추어져 있음을 알게 될 것이다. 성경은 성령께서 우리 안에 진정한 믿음을 생성하고, 그 믿음을 계속 유지시켜, 결국은 믿음의 공동체를 세우기 위해, **다양한 외적 방편을** 사용하신다고 가르친다.[1] 예를 들어, 성령께서는 아브라함에게 할례를 사용하셨고(창 17), 애굽에 있던 이스라엘 백성에게는 유월절 어린양을(출 12장), 광야에 있던 이스라엘 백성에게는 성막을(출 25-40장) 사용하셨다. 하나님은 이러한 방편들을 통해, 우리가 "필요하다고 느끼는" 것도 아니고, 세상이 우리에게 "필요하다고 말하는" 것도 아닌, 우리의 진정한 필요(죄의 용서부터 이웃과 화해할 힘까지)를 채워주시는 은혜를 베푸신다.

넓게 말하면, 그리스도께서는 우리 삶 가운데 일어나는 여러 가지 일들을 수단으로 사용하사 우리에게 은혜

---

1. 이 주제에 관한 더 자세한 정보는 Hyde, *In Living Color*를 보라.

를 베풀어 주신다. 예를 들어, 그분은 우리 삶의 고난을 사용하사, 고난을 통해 우리가 그분과 닮아가게(벧전 4:12-16)하신다. 좀 더 좁은 의미의 은혜의 방편에 국한해서 말하자면, 그리스도께서 공동체 모임 안에서 그분의 은혜를 부어주기 위해 사용하시는 수단들이 있다. 하나님의 말씀을 읽는 것(딤전 4:13), 하나님의 말씀을 설교하는 것(딤후 4:1-5), 세례식을 행하는 것(마 28:18-20; 골 2:11-12), 성만찬을 행하는 것(고전 11:17-34), 기도하는 것(딤전 2:1-3) 등이 그것이다.

말씀

말씀 읽기

개혁교회는 공동체가 함께 성경을 읽는 것을 중요시한다. 개혁교회의 역사적 신앙고백 중 "하나님의 영은 말씀을 읽는 것을, 특별히 말씀을 설교하는 것을 방편으로 하여"(웨스트민스터 대요리문답 155문)라는 부분이 있다. 설교는 성령께서 특별히 사용하시는 방편인데, 말씀 읽기도 그러하다. 예를 들어 바울이 젊은 목회자 디모데에게 그러한 내용을 권고한다. "내가 이를 때까지 읽는 것과 권하는 것과 가르치는 것에 전념하라"(딤전 4:13). 말씀 읽기는 "하나님께 드리는 공예배의 일부"로서 "백성의 교화를 위해 하나님에 의해 성결하게 된다." 이런 이유로 웨스트민스터 예배모범(1645년)은 다음과 같이 말한다. "모일 때마다 일상적으로 성경을 한 장씩 읽으면 편리하다. 장이 짧거나 주제가 끊기는 경우에는 몇 장 더 읽는 것이 좋다." "모든 성경을 순서대로 반복해서 읽으면 사람들이 성경 전체를 더 익숙하게 느낄 수 있다." 사실 몇몇 개혁교회들은 1년간 매일 아침/저녁에 읽을 성경을 달력에 표시하여 "사람들이 하나님을 더욱 알아가는 유익을 계속해서 누리게 하고 자신의 종교를 진짜 종교로 더욱 사랑하게 만들었다"(성공회 공동기도문). 그러므로 개혁된 예배는 성경으로 충만한 예배이어야 한다.

설교의 중심성

복음을 순전하게 전하는 설교가 참된 교회의 첫 번째 표지이다(벨직 신앙고백 29조). 즉, 그것이 가장 중요하다는 의미이다. 성령님은 "그리스도의 말씀"(롬 10:17; 1:16; 고전 1:21)의 설교라는 방편을 사용하사 우리의 죄악된 마음에 참된 믿음을 창조하시고(하이델베르크 요리문답 65문; 벨직 신앙고백 24조), "사람이 그리스도를 믿도록 하시고"(도르트신조 1조 3항), 하나님의 백성이 믿음 안에 세워지도록(엡 4:11-16; 딤전 4:6; 딤후 2:2; 3:16-17) 하신다. 설교가 없으면 구원도 없을 것이고 교회도 없을 것이다. 따라서 복음 설교는 "천국의 열쇠"이다. 이 열쇠는 죄인에게 그리스도 안에 있는 구원의 문을 열어준다(하이델베르크 요리문답 83문, 84문).

우리 조상들은 설교가 교회의 생명을 좌우함을 알고 있었다. 즉, 설교는 하나님이 우리에게 총체적인 구원(회심, 칭의, 성화, 영화)을 가져다주시는 수단이다. 우리 조상들은 이 사실을 알고 있었기 때문에 당시 로마 가톨릭교회 지도자들과 정면으로 부딪칠 수밖에 없었다. 왜냐면 당시 로마 가톨릭 지도자들은 "평신도를 위한 책들"을 가지고 형상으로 사람들을 지도하면서, 이것이 그 시대에 맞는 방법이라고 주장했기 때문이다. 우리 조상들은 이러한 "구도자 중심" 방법들을 거부했는데 "…왜냐하면 우리가 하나님보다 더 지혜롭게 되려고 해서는 안 된다. 하나님께서는 당신의 백성들이 말 못하는 형상으로부터 가르침받게 하시지 않고, 당신의 살아 있는 말씀의 설교에 의해서 가르침받게 하실 것이다"(하이델베르크 요리문답 98문).

그리스도 중심적 설교

설교는 주된 은혜의 방편이기 때문에, 성경적 설교는 예수 그리스도와 그분이 행하신 일—그분의 완벽한 삶과 희생적인 죽음과 영광스러운 부활을 통해 우리를 위해 행하신 일—에 초점을 맞춘다(고후 4:5-7). 성경적 설교는 또한 예수 그리스도와 그분이 우리 마음을 새롭게 하기 위해 성령의 능력으로 우리 안에서 행하시는 일에 초점을 맞춘다. 성경적이고 그리스도 중심적인 설교는 엄격한 율법 개념과 복음을, 즉 나쁜 소식과 좋은 소식을 바르게 구별한다. 개혁교회 설교는 본질적으로 복음전도적이다. 율법을 설교하면 하나님의 완벽한 요구를 듣게 되는데, 이는 우리가 충족시킬 수 없는 것이기에 우리는 구원자가 필요함을 알게 된다. 복음을 설교하면 우리는 그리스도께서 홀로 율법의 요구를 어떻게 이루셨는지, 그래서 "하늘에서 내려오는 떡"(요 6:50)을 절실히 필요로 하는 우리의 필요를 어떻게 충족시켜 주셨는지를 알게 된다. "그러므로 본성의 빛이나 율법이 할 수 없는 것을 하나님은 성령의 능력으로 화목하게 하는 말씀 또는 화목하게 하는 직분을 통해 이루신다. 그것은 바로 메시아에 관한 기쁜 소식이다"(도르트신조 3조/4조 6항).

그러므로 하나님은 우리를 만나실 때, 율법의 엄격함에 대한 설교를 통해 우리의 옛 죄악된 본성을 죽이시고, 복음에 대한 설교를 통해 우리의 새 사람을 새롭게 하셔서, 우리가 회개하고, 믿고, 율법을 사랑할 수 있게 하신다. 변화된 우리는 우리를 경건으로 인도하는 가이드인 거룩한 율법을 사랑한다.

교리문답 설교

개혁교회 내 설교 사역의 가장 두드러진 특징 중 하나는 유서 깊은 전통을 가진 "교리문답" 설교이다. 즉, 기독교의 기본적인 교리와 의무들을 설교하는 것인데, 사도신경이나 십계명, 주기도문처럼 유서 깊은 자료를 사용한다. 교리문답 설교는 고대 교회의 특징이었는데, 예를 들어 예루살렘의 씨릴(Cyril)과 어거스틴의 설교가 그러했다. 우리 개혁파 선조들은 이러한 전통을 부활시켰다. 교리문답 설교는 목회자가 회중에게 정기적으로 기독교 신앙의 기본을 설명하는 것을 중요시한다. 하이델베르크 요리문답과 웨스트민스터 소요리문답은 이 일을 하기에 아주 유용하다. 왜냐면 그것들은 기독교의 믿음(사도신경과 성례들), 소망(주기도문), 사랑(십계명)의 기초를 설명하고 있기 때문이다.

성례

거룩한 성례에 즐겁게 참여하면 성령께서 예수 그리스도를 믿는 우리 믿음을 확증하고 확신시켜 주신다(롬 4:11). 우리를 위해 십자가에 달려 죽으신 그리스도의 한 번의 희생제사로 우리의 온전한 구원이 이루어졌음을 우리는 성례를 통해 확신하게 된다(하이델베르크 요리문답 67문). "성례는 거룩하고, 가시적인 표(sign)와 인(seal)이다. 성례는 하나님께서 복음의 약속을 우리에게 더 충분히 선포하고, 인치는데 사용하려고 제정하신 것이다. 그 복음의 약속은 그리스도께서 십자가 위에서 단번에 성취하신 희생제사 때문에, 하나님께서 은혜롭게 우리 죄를 용서하시고 우리에게 영생을 주셨다는 것이다"(하이델베르크 요리문답 66문).

하나님의 은혜를 가시적으로 표현해 주는 이 두 가지 성례가 진정한 교회의 두 번째 표지이다(벨직 신앙고백 29조).

세례

세례는 새 언약 안으로 들어올 때 그리고 하나님의 교회 안으로 들어올 때 한 번에 걸쳐 하는 행위로, 세례받는 자를 세상과 구별하는 예식이다(벨직 신앙고백 34조; 39개조 신앙고백 27조). 이런 이유로 우리 교회에서는 공예배에서 말씀을 전하는 사역자들만 이를 집전한다. 세례는 우리가 회개하고 믿을 때 성령님과 그리스도의 피가 우리를 우리의 모든 죄에서 씻어 주신다는 표와 인이다(하이델베르크 요리문답 69문). 따라서 세례는 죄에 대하여 죽고 의에 대하여 살도록 그리스도의 피가 우리 죄를 씻어 제거하고 성령께서 우리를 새롭게 하신 사실을 상징하고 인치는 표와 인이다(하이델베르크 요리문답 70문).

세례를 받는 자

역사적 그리스도인으로서 우리는, 기독교 신앙으로 회심한 후 교회의 다스리는 기관 앞에서 교리와 삶을 지도받고 검증받은 어른들과, 신자의 자녀에게 세례를 베푸는 보편 교회의 실천을 따른다(벨직 신앙고백 34조; 하이델베르크 요리문답 74문; 39개조 신앙고백 27조).

우리는 우리 자녀들에게 세례를 베푸는 교회의 역사적 실천사항을 따르는데, 신구약 모두에서 신자의 자녀들도 하나님과의 가시적인 언약 관계(우리는 이것을 교회라고 부른다)에 포함되어 있기 때문이다(창 17:7; 출 20:12; 마 19:13-15; 행 2:39; 고전 7:14; 엡 6:1-3; 골 3:20). 구약에서 언약 백성에 속했다는 표징은 할례였는데, 이는 믿는 남자들에게 행해졌고 집안의 모든 남자(어린이든 종이든)와 이스라엘에 속하기 원하는 모든 사람에게 행해졌다(창 17:9-14). 신약에서 언약 백성에 속했다는 징표는 세례인데, 바울은 이것을 그리스도의 할례(골 2:11-12)라고 부른다. 이것은 믿는 자들과 그들의 가족들과 모든 먼 데 사람 곧 예수님을 믿는 모든 사람에게 과거에도 행해졌으며 앞으로도 행해질 것이다(행 2:39; 16:15,31; 고전 1:16).

성찬

성찬식은 이스라엘의 광야 세대(고전 10장)처럼 이 땅에서 살고 있는 하나님의 백성에게 지속적으로 영적인 자양분을 공급하는 행위이다. 이 거룩한 음식은 그리스도께서 친히 십자가에 달리신 몸과 흘리신 피이며, 이것으로 나의 영혼을 먹이고 새롭게 하사 영생을 누리게 하신다(하이델베르크 요리문답 75문; 벨직 신앙고백 35조; 요 6장)는 표(sign)와 인(seal)이다. 이것은 "우리 영혼을 위한 참된 양식과 음료"(하이델베르크 요리문답 79문)이다. 그리스도의 몸을 "먹고" 그분의 피를 "마신다" 함은, 우리가 그리스도의 고난과 죽음을 믿음으로 받아들여 죄를 용서받고 영생을 얻고 나아가 성령을 통해 그분의 거룩한 몸에 연합되었기에 우리는 그리스도의 살 중의 살이요 뼈 중에 뼈라는 것을 의미한다(하이델베르크 요리문답 76문).

개혁교회는 성찬식에 예수 그리스도의 "실제 임재"(real presence)가 있다고 믿는다. 그렇다고 빵과 포도주가 (상징 이상이긴 하지만) 실제로 그리스도의 몸과 피가 된다고 믿는다는 의미는 아니다(하이델베르크 요리문답 80문). 궁극적으로 주의 만찬은 심오한 신비로서 성령께서 믿음을 주셔서 우리 마음을 그리스도께서 계신 곳, 즉 하나님 오른편까지 들어 올리사 우리가 그곳에서 그리스도와 함께 먹고 마시게 하시는 것이다. 그러므로 주의 만찬은 이해하기보다 경험해 보는 편이 낫다. 이해(comprehend)하는 것이라기보다 터득(apprehend)하는 것이다.

주의 식탁에 참여할 수 있는 사람

주의 만찬은 그리스도와 그분의 백성 간의 교제의 시간이기 때문에 개혁교회는 이 거룩한 식사에 함께하는 사람들을 신중하게 선택한다. 당신이 구원을 위해 오직 예수 그리스도를 신뢰하는 믿음이 아직 없더라도, 우리 예배에 참석하는 것은 언제나 환영하지만 성찬에는 참여하지 못한다. 사도 바울은 자격 없이 먹는 것에 대해 다음과 같이 경고한다. "그러므로 누구든지 주의 떡이나 잔을 합당하지 않게 먹고 마시는 자는 주의 몸과 피에 대하여 죄를 짓는 것이니라"(고전 11:27; 하이델베르크 요리문답 82문). 당신이 기독교인이 아니라면, 우리는 당신이 속히 자신에게서 돌이켜 예수 그리스도 앞에 자신을 던지고 그분의 완벽한 삶과 희생적인 죽음과 영광스러운 부활을 신뢰함으로써 예수 그리스도 안에 있는 구원의 좋은 소식을 받아들이기를 기도한다.

이렇게 성찬에 참여하는 사람을 제한하는 이유는, 사람을 판단하거나 무시하기 위해서가 아니고 그리스도께서 주의 식탁에 참여하는 자들을 감독하는 일을 지역 교회 장로들에게 맡기셨다고 믿기 때문이다. 우리는 모든 사람이 예배에 나아오는 것을 환영하고 모두가 그리스도를 믿게 되어 교회 안에 있는 그리스도의 사람들과 연합되기를 기도한다. 그러나 우리는 성찬에 참여하는 사람이 그리스도를 믿는 자이며 그분의 교회와 바른 관계를 맺고 있음을 확인하기 원한다. 모든 교회가 나름의 기준을 가지겠지만, 일반적으로는 교회 장로들이 우리와 함께 성찬에 참여하기를 갈망하는 자가 성경적인 교회의 멤버인지, 경건하게 살고 있는지 찾는 역할을 한다.

어린이들은 어떤가

신자의 자녀에게 세례를 주기 때문에 성찬식에도 그들을 참여시킬 거라고 생각할 수 있다. 그러나 그렇지 않다. 그렇게 하지 않는 이유는 성경에서 성찬식은 하나님과 그분의 거룩한 교회 앞에서 자신의 신앙을 공개적으로 고백한 사람들에게만 베풀라고 말하고 있기 때문이다 (고전 11:24-25, 28).

즉 어린이들은 아직 장로들에 의해 그 신앙을 점검받아야 하고, 회중 앞에서 예수 그리스도에 대한 신앙을 공개적으로 고백해야 하기 때문에 성찬식에서 제외된다. 하지만 확실히 해둘 것은 모든 어린이가 예수 그리스도를 믿는 신앙을 공개적으로 고백하고 우리와 함께 성찬에 참여하게 되길 우리가 간절히 바란다는 사실이다.

기도

마지막으로 기도는 우리 공예배의 세 번째 중심 요소이다. 말씀과 성례전이 가장 엄격한 의미의 은혜의 방편이다. 왜냐면 목회자가 그리스도의 대리자로서 우리에게 말하고 전달하는 것이기 때문이다. 그러나 기도 또한 은혜의 방편이다. 기도는 하나님의 은혜에 대한 우리의 응답이기도 하고 그분의 은혜를 받는 방편이기도 하다.

질문: 그리스도인에게 왜 기도가 필요합니까?
답: 기도는 하나님께서 우리에게 요구하시는 감사의 가장 중요한 부분이기 때문이며, 또한 하나님께서는 그의 은혜와 성령을 오직 간절한 마음으로 쉬지 않고 구하고 그것에 대해 감사하는 사람에게만 주시기 때문입니다(하이델베르크 요리문답 116문).

예수님은 하나님의 자녀가 하나님의 좋은 선물, 특히 우리에게 주시는 가장 좋은 선물인 성령(눅 11:13)을 구하

고 찾고 두드려야 한다(마 7:7-11)고 말씀하셨다. 히브리서
는 예수님의 대제사장 직분에 근거하여 "은혜의 보좌 앞
으로 담대히 나아가라"고 권면한다. 그 이유는 "긍휼하심
을 받고 때를 따라 돕는 은혜를 얻기 위하여"이다(히 4:16).
그렇기 때문에 우리 예배는 기도로 가득하다. 우리는 찬
양함으로 하나님께 나아간다. 우리 죄를 고백하고 시인한
다. 말씀을 읽고 설교할 때 성령의 은혜가 임하길 기도한
다. 세상과 교회의 필요를 위해 중보하며 마음을 드린다.
성례전 전과 후에 감사의 기도를 드린다.

　우리 예배의 중심 요소로서 하나님의 말씀을 읽고 설
교하는 것과 두 가지 성례전을 시행하는 것은 하나님이
우리를 은혜로 섬기시는 것이다. 이런 수단들을 통해 하
나님은 "여호와의 선하심을 맛보아 알지어다"라고 말씀
하시며 은혜를 베푸신다. 그리고 우리는 그 은혜를 받으
면서 마음 깊은 곳에서부터 우러나오는 감사의 기도로
응답한다.

3장
오전 예배와 저녁 예배의
샘플 맛보기

앞서 살펴본 큰 그림의 기본 원리와 은혜의 방편의 중심성은 개혁교회의 예배 안에서 어떻게 함께 어우러질까? 이번 장에서는 내가 섬기는 회중이 사용하는 오전/저녁 예배 순서를 살펴보면서 이 모든 것이 어떻게 함께 어우러지는지 살펴보려고 한다.[1] 실제 예배 순서를 따라가다 보면 개혁교회 예배 예식이 소통(communicating)과 성찬 안에서의 영적 친교(communing)에 초점을 맞추고 있음을 알게 될 것이다. 예수님이 그분의 은혜를 우리에게 전달하

---

1. 예전이 담긴 주보를 보려면, www.oceansideurc.org 참조.

시면 우리는 다시 그분께 우리의 의사를 전달한다. 그리고 그분은 은혜 안에서 우리와 성찬의 친교를 나누시고, 우리는 감사 안에서 그분과 성찬의 친교를 나눈다. 물론 교회마다 예전이 조금씩 다를 수 있고 같은 교회 안에서도 매주 예전이 다를 수 있지만 아래 소개하는 예배의 기본 요소들과 기본 패턴은 같을 것이다.

오전 예배 순서 개요

하나님 임재로 들어가기

-예배로의 부름

-하나님이 맞아주시는 인사말

-기도

죄 고백과 용서

-율법 읽기

-참회의 기도

-용서/사죄의 선언

하나님 찬양

−성경으로 응답하기

−찬양

−신경

−목회 기도

−헌금

하나님의 말씀

−조명을 위한 기도

−성경 본문 읽기

−설교

성찬식

−찬양

−권고

−위로의 말씀

−수르숨 코르다(*Sursum Corda*)

−기도

−성찬 제정사

−분병 분잔

−감사 기도

−찬양

세상으로 파송

−축도

오전 예배에 대한 설명

하나님의 임재로 들어가기

예배로의 부름

세상으로부터 예배의 자리로 옮겨갈 때, 음악 전주가 있을 수도 있고 침묵의 시간을 가질 수도 있다. 이때 우리가 선 장소가 "거룩한 곳"(출 3:5)임을 인정하며 예배 안에서 하나님의 임재로 들어간다.

하나님의 말씀이 제일 먼저 들려온다. 어떤 교회에서는 마태복음 28장 19절 "아버지와 아들과 성령의 이름으로"라고 선포한다. 이 말씀은 세례식에서 듣는 말씀이었다. 이제 이 말씀을 다시 들으면서 우리가 하나님 나라의 시민이라는 사실을 상기한다. 이어서 목회자가 하나님의 말씀을 읽으며 예배의 자리로 초청한다. 이것은 세상에서 나와 하나님의 임재 안으로 들어가 은혜의 보좌 앞에서 하나님을 찬양하고 경배하라는 초청이다. "오라 우리가 굽혀 경배하며"(시 95:1-7), "하나님께 나아가자"(히 10:19-22), "우리 주 하나님이여 영광과 존귀와 권능을 받으시는 것이 합당하오니"(계 4:11) 등의 말씀을 사용한다.

하나님이 맞아주시는 인사말

예배로의 부름에서 천국의 왕께서 우리를 불러 자신 앞에 서게 하셨다. 이제 그분은 은혜롭게 우리를 자신의 임재 안으로 환영하신다. 목회자가 계시록 4장 1절에서 5절까지의 말씀 등을 사용한다. 이때 삼위일체 하나님의 각 위격께서 우리에게 "은혜와 평강"을 주신다.

기도

이에 대한 우리의 응답은 기도를 통해 찬양을 올려드리는 것이다. 목회자가 기도할 수도 있고 회중이 함께 할 수도 있다. 다음은 하나님의 임재를 간청하는 두 종류의 기도이다.

전능하신 하나님,
주님은 우리 마음을 다 들여다보시며,
우리의 갈망을 아시며,
주님께는 어떤 비밀도 숨길 수 없나이다.
우리 마음의 모든 생각을
주의 성령의 능력으로 깨끗이 씻어주셔서,
우리로 주님을 온전히 사랑하게 하시며,
주님의 거룩하신 이름을 높이게 하옵소서.
우리 주 예수 그리스도의 이름으로 기도합니다. 아멘. (성
공회 공동기도문에서 개작함)

전능하시고 영존하시는 하나님,

주님은 늘 우리 기도를 들어주시고,

우리가 갈망하는 것이나 우리가 받을 자격이 있는 것보다 더 많은 것을 주시고,

풍성한 자비를 우리에게 쏟아 부어주시고,

우리의 양심을 두렵게 만드는 우리의 죄들을 용서해주시고,

아버지의 아들, 우리 구주 예수 그리스도의 공로와 중재가 아니면 우리가 구하는 것이 합당치 않을 좋은 것들을 우리에게 주십니다. 아멘. (성공회 공동기도문에서 개작함)

죄 고백과 용서

율법 읽기

하나님의 임재로 들어가 경외와 기쁨 속에서 은혜의 보좌로 나아갔다면, 이제 하나님의 율법을 들을 시간이다. 목회자가 십계명(출 20:1-17)을 읽어주는 것을 듣거나 회중이 스스로 십계명을 읽는다. 예수님이 율법을 요약하신 말씀(마 22:34-40)을 사용할 수도 있고 우리 삶을 향한 하나님의 뜻이 드러나는 다른 성경 구절들을 사용할 수도

있다. 율법을 읽는 순서 안에서 우리는 우리가 그분 앞에 서려면 갖추어야 할 하나님의 완전하고 의로우신 요구를 듣는다. 하나님은 완전하시고 우리는 죄악되기에 율법은 우리에게 "평생 동안 우리의 죄악된 본성을 더욱더 알고, 그리하여 그리스도 안에 있는 용서와 의로움을 더욱더 간절히 추구"하라고 가르친다. 또한 율법을 들으면서 구원받은 주의 백성인 우리가 어떻게 살아야 하는지를 배움으로써, "이 세상의 삶을 마치고 목적지인 완전에 이를 때까지 하나님의 형상으로 더욱더 변화되기 위하여 부단히 분투하며 하나님께 성령의 은혜를 구하"려는 것이다 (하이델베르크 요리문답 115문).

참회의 기도

우리는 하나님의 기준에 미치지 못했으며 우주를 통치하시는 거룩하신 하나님 앞에 설 자격이 없다는 사실을 뼈저리게 인식했기에, 이제 우리는 잠시 멈추고 우리 죄를 고백한다. "하나님께서 구하시는 제사는 상한 심령"이고 하나님은 "상하고 통회하는 마음을 멸시하지 아니하실" 것을 알기에 참회의 기도를 드린다(시 51:17). 하나님께서 회중에게 율법으로 말씀하셨기에, 회중이 함께 집단적으로 참회의 기도를 드리는 것이 합당하다. 그 기도는 시편 51편을 읊조리거나 노래해도 되지만 다음과 같은 기도로 대신해도 된다.

전능하시고 가장 자비로우신 아버지, 우리는 다 길 잃은 양같이 그릇 행하여 아버지의 길에서 멀리 벗어났습니다. 우리는 우리 마음의 욕망을 너무나 많이 따랐습니다. 우리는 거룩한 율법을 어겼으며, 마땅히 해야 할 일들을 행하지 않고 하지 말아야 할 일들을 행했습니다. 그래서 우리 안에 온전함이 없습니다. 하지만, 주님은 이런 비참한 범죄자들에게 자비를 베푸셨습니다. 오 하나님, 죄를 고백하오니 저희를 멸하지 마시고, 참회하는 자들을 회복시키사, 우리 주 예수 그리스도 안에 있는 자들에게 약속하신 주님의 약속을 따라 행하소서. 그리고 자비로운 아버지시여, 아버지의 영광을 위해 우리로 지금부터 경건하고 의롭고 단정한 삶을 살게 하시어, 주의

거룩한 이름에 영광을 돌리게 하소서. 아멘. (성공회 공동기도
문에서 개작함)

우리 아버지, 우리는 죄악되고 당신은 거룩하십니다. 생
각과 행동과 말로 우리는 너무나 자주 당신의 뜻을 어
겼습니다. 너무나 명백하게 당신의 뜻을 어겼습니다. 때
로는 행하지 않음으로, 때로는 행함으로 당신의 완전한
명령을 범했습니다. 우리 안에는 희망을 가질 근거가 하
나도 없습니다. 왜냐면 우리는 영혼부터 병들어 있기 때
문입니다. 우리는 영혼부터 거룩하지 못하고 감사가 없
습니다. 우리 마음은 세상에 대한 사랑으로 가득합니다.
우리 생각은 어둡고 의심의 공격을 받습니다. 우리 뜻은
너무나 자주 이기심에 무너지고, 우리 몸은 게으름과 불
의에 무너집니다. 당신의 형상대로 지음받은 이웃에게
죄를 지음으로써 당신께 죄를 범했습니다. 주여 우리에
게 자비를 베푸소서. 그리스도여 우리에게 자비를 베푸
소서. 주여 우리에게 자비를 베푸소서.[2]

참회의 기도는 다윗의 시편 51편 10절에서 12절에 나오는 "하나님이여 내 속에 정한 마음을 창조하소서"라는 구절을 노래로 부르면서 성령의 은혜로 우리 마음이 새로워지기를 구하며 끝을 맺는다.[3] "가장 거룩한 사람이라도 이 세상에 살 동안에는 이러한 순종을 겨우 시작했을 뿐입니다. 그러나 그들은 굳은 결심으로 하나님의 일부 계명만이 아니라 모든 계명에 따라 살기 시작합니다"(하이델베르크 요리문답 114문).

용서/사죄의 선언

하나님은 용서의 선언(또는 사죄의 선언)를 통해 우리에게 다시 말씀하신다. 율법을 들은 후에, 이제는 복음의 약속을 듣는다. 하나님은 자신이 지명하여 세우신 목회자들에게 상하고 통회하는 자들을 향한 하나님의 용서를 선포할 권한을 주셨다는 것을 성경에서 알 수 있다(마 18:18; 요

---

2. 현시대에 작성된 이 기도문은 마이클 호튼(Michael Horton)이 쓴 것으로, 많은 미국 개혁교회에서 사용되고 있다.

3. 이 노래는 Sing! a new creation, #49에 수록되어 있다.

20:23). 사죄의 선언은 하나님의 율법이 그리스도의 삶, 죽음, 부활, 승천에 의해 만족되었음을 선포할 뿐 아니라 이러한 그리스도의 사역으로 말미암아 우리의 죄가 용서받았고 우리는 더 이상 하나님의 율법의 저주 아래 있지 않다는 것을 선포한다. 사죄의 선언은 기도가 아니라 하나님이 믿는 자에게 하시는 선언이다.[4]

하나님 찬양

성경으로 응답하기

죄 용서를 선물로 받은 반응으로, 목회자와 회중은 몇몇 성경구절을 낭독할 수 있다. 목회자가 "주여 내 입술을 열어 주소서"라고 말하면 우리는 "내 입이 주를 찬송하여 전파하리이다"라고 외친다(시 51:15). 이런 말씀들 안에서 우리는 방금 우리를 죄에서 깨끗하게 하신 하나님이 성령의 능력으로 우리를 능하게 하사 그분을 올바르게 찬

---

4. 사죄의 선언이 역사적으로 어떠한 변화를 거쳤는지, 그리고 현재 사용되는 이 사죄의 선언이 어떻게 정착되었는지는 Hyde, "Lost Keys: The Absolution in Reformed Liturgy," 140-66를 참고하라.

양할 수 있게 해주시기를 기도한다. 이것은 하나님께 예배를 올려드리기 위해 성령의 전능하신 역사에 온전히 의존함을 인정하는 절차이다. 다시 한번, 은혜가 핵심으로 부각된다. 그후, 목회자가 "주를 찬송하라!"고 말하고, 우리는 한목소리로 "여호와의 이름을 찬송하라!"(시 135:1)라고 외친다. 찬양, 신앙고백, 기도, 헌금으로 이어지는 순서에서 우리가 하려는 것은 바로 주를 찬송하는 것이다.

찬양

하나님이 우리에게 말씀하시는 것에 대한 반응으로 자주 찬양을 드리는 것이 중요하다고 우리는 믿는다. 개회찬송은 "이달의 찬송"인데, 성경적 진리로 하나님을 찬양하는 것을 배우기 위해 부른다. 이 찬양은 특별히 하나님의 은혜, 거룩함, 전능함 같은 놀라운 속성들로 인해 하나님을 찬양하는 내용을 담고 있다. 그 외에도 예배 내내 다양한 시편 찬송과 찬송가와 신령한 노래들을 부른다. 때로는 말씀 읽기와 설교에서 하나님이 우리에게 들려주실 말씀에 관련된 찬양을 부른다.

신경

사도신경, 니케아 신경, 아타나시우스 신경으로 우리의 공통된 신앙을 고백한다. 이 신조들은 초대교회가 믿음의 적들에 대항하여 공통된 신앙 안에서 모든 기독교인들을 연합시키려고 만들었다. 사죄의 선언과 관련하여 신앙을 고백하면, 이것은 우리 자신을 하나님의 용서받은 백성으로 선언하는 것이다. 성찬식 전에 신앙 고백을 행하면 우리의 연합이 주 안에서의 연합임을 드러내는 방법이 된다. "떡이 하나요 많은 우리가 한 몸이니 이는 우리가 다 한 떡에 참여함이라"(고전 10:17).

여담으로, 사도신경에서 "거룩한 공교회"(a holy catholic church)라고 고백하거나 니케아 신경에서 "하나의 거룩하고 보편적이며 사도적인 교회"(one holy, catholic and apostolic church)라고 고백할 때, 우리는 모든 시대, 모든 공간을 통해 복음을 믿었고 믿게 될 모든 사람과 함께 속해 있음을 고백하는 것이다. 이것은 로마 가톨릭교회라는 고백이 아니라 진정한 공교회(보편 교회)라는 고백이다. 또한 그리스도께서 "지옥에 내려가셨다"는 말은(사도신경에는 누락되어 있

다) 예수 그리스도께서 그의 모든 고난—특히 십자가에서 당하신 말할 수 없는 두려움과 아픔과 공포와 지옥의 고통—을 통하여 나의 구원을 이루셨다는 고백이다(하이델베르크 요리문답 44문).[5]

목회 기도

찬양과 신앙 고백 안에서 주의 이름을 찬송한 후에는, 교회와 세상의 필요를 위해 기도한다. 목회자가 백성의 대변인으로서 "백성들의 기도"를 하나님께 아뢴다. 이러한 목회 기도는 회중의 모든 요구를 하나님께 아뢰는 것이다. 목회자는 시민 정부를 위해(딤전 2:1-2), 목회 사역을 위해(마 9:36-38), 온 인류의 구원을 위해(딤전 2:1, 3-4), 성도들의 성화를 위해(엡 6:18; 빌 1:9-11; 골 1:9-12), 환난 중에 있는 자들을 위해(고후 1:3-4; 약 5:13-18) 기도하고, 우리의 모든 간구의 성경적 요약인 주기도문으로 끝맺는다.

---

5. 더 많은 설명은 Hyde, *In Defense of the Descent*를 참조.

헌금

하나님의 용서에 우리는 헌금이라는 가시적 행위로 응답한다. 이것은 우리가 첫 소산을 그분께 드려 경배하면서 하나님을 우리의 공급자로 인정하는 것이고, 모든 부가 오직 하나님에게서 비롯됨을 인정하는 것이다.

하나님의 말씀

조명을 위한 기도

하나님의 임재 안으로 들어가 죄를 고백하고 하나님을 찬양한 후에, 이제 하나님의 말씀 안에서 예수님이 친히 들려주시는 음성을 듣는다. 그런데 하나님의 말씀을 이해하고 삶에 적용하기 위해서는 우리에게 성령의 도우심이 필요함을 인정해야 한다. 그래서 우리는 말씀을 깨닫게 해달라는 기도를 드린다. 이것은 성령께서 우리 눈을 여시고, 우리 마음을 부드럽게 하시고, 우리의 의지가 하나님의 뜻을 향해 기울여지게 해주시길 구하는 기도이다.

하늘에 계신 아버지, 주님의 말씀은 완전하여 영혼을 소성케 하고, 우둔한 자로 지혜롭게 하며, 눈먼 자의 눈을 밝게 하고, 믿는 모든 자를 구원하는 하나님의 능력입니다. 우리는 본성상 보지 못하고 선한 일을 행할 능력이 없습니다. 주님은 상하고 회개하는 심령을 가진 자들과 주의 말씀을 경외하는 자들에게만 안위를 주실 것입니다. 그러므로 우리는 주께서 성령으로 우리의 어두운 마음을 밝혀주시고 우리에게 겸손한 심령을 주시고 모든 거만함과 세속적인 지혜를 멀리하고 주님의 말씀을 잘 듣고 그 말씀을 바르게 이해하고 우리 삶에 바르게 적용하게 하시기를 간구합니다. 또한 은혜를 베푸셔서 진리에서 떠난 모든 자들을 회심시켜 주사 우리와 함께 남은 모든 삶 동안 참된 거룩과 의 가운데 주님을 섬기게 하시길 간구합니다. 우리의 기도를 들으시겠다 약속하신 예수 그리스도의 이름으로 간구합니다. 아멘.[6]

복되신 주님, 주님은 저희가 배울 수 있게 모든 거룩한 성경 말씀을 주셨습니다. 그러하오니 저희가 성경 말씀

---

6. *Psalter Hymnal*, 185.

을 듣고, 읽고, 배우고, 내적으로 말씀을 소화하게 해주
십시오. 또한 저희로 하여금 주님의 거룩한 말씀이 주는
위로와 인내로 우리 구주 예수 그리스도 안에서 저희에
게 허락하신 영생의 소망을 기뻐하며 굳게 붙들게 하옵
소서. 아멘.(성공회 공동기도서에서 개작함)

성경 본문 읽기

말씀을 펼쳐 읽을 때 그리스도께서 천상의 산꼭대기에
서 밑에 있는 우리 회중에게 말씀하시는 것을 듣는다(히
12:18-29). 일반적으로 구약도 읽고 신약도 읽는데, 이는 교
회가 "사도들과 선지자들의 터 위에 세우심을"(엡 2:20) 입
었기 때문이다. 성경 몇 구절을 읽는 이 오래된 전통은 유
대 회당에서 유래된 것으로, 유대 회당에서는 율법서(창세
기-신명기)와 선지서(여호수아-열왕기, 이사야-말라기)를 읽었고, 이
전통은 기독교 교회가 오랫동안 실천해 온 사항이기도
하다. 구약에서 구원자를 약속하신 것과 신약에서 그리스
도 안에서 그것이 성취된 것을 들을 때 하나님의 구속 사
역에 통일성이 있음을 보게 된다.

설교

이미 살펴보았듯이, 하나님은 설교 말씀을 사용하여 백성들의 삶 속에서 역사하기로 정하셨다. 설교는 예수님과 사도들의 가장 중요한 활동이었다. 성경은 설교가 사람들을 믿게 하여 회심시키기에 "미련한" 방법이지만 하나님은 이 "연약한" 방법을 택하셔서 우리 삶의 변화가 사역자의 탁월함이나 창조성보다는 하나님 자신의 공로로 돌려지도록 하셨다고 말한다(고전 1:18-2:5). 설교를 통해 우리는 성령의 능력 안에서 우리 주 예수 그리스도의 살아 역사하는 음성을 듣게 된다. 그래서 바울은 설교를 사람의 말이 아니라 "하나님의 말씀으로 받음이니 진실로 그러하도다"(살전 2:13)라고 말한다. 또한 프로테스탄트 개혁가들도 이렇게 말했다. "하나님의 말씀에 대한 설교는 하나님의 말씀이다"(제2스위스 신앙고백서 1조 4항).

성찬식

찬양

설교 말씀을 들은 후에는 가시적인 말씀, 즉 성찬식이

이어진다. 부활하신 우리 구주와 갖는 이 교제의 시간으로 돌입하면서 우리는 읽은 말씀과 설교된 말씀에 찬양으로 반응한다. 이 찬양은 하나님의 선하심과 은혜를 주제로 한다.

권고

이미 말했듯이, 성찬은 거룩한 음식이고 예수 그리스도와 그분의 교회 사이의 교제의 시간이다. 따라서 목회자는 교회를 감독하고 다스리는 모든 목회자와 장로들을 대신하여 성만찬 식탁의 "경계"를 정한다. 그리스도를 믿지 않고 그분의 가시적인 몸인 교회에 연합되지 않은 사람은 성찬에 참여할 수 없다고 권고한다.

또한 이 시간은 빵과 포도주에 참여할 사람들이 자신을 준비하는 시간이기도 하다. 사도 바울은 우리가 "이떡을 먹고 이 잔을 마시기" 전에 자신을 부지런히 "살피라고" 권고한다(고전 11:28). 그리스도의 몸을 먹고 피를 마시는 것이 영적으로 유익한 만큼 성찬을 "합당하지 않게" 받는 위험은 그만큼 크다(고전 11:27).

성찬식에서 그리스도의 양들은 그들의 목자가 "너희는 여호와의 선하심을 맛보아 알지어다"(시 34:8)라고 말하는 것을 듣는다. 그런 다음 목회자는 회개하고 믿는 죄인들을 초대하는데, 예를 들어 다음과 같은 아름다운 성경적 언어를 사용하여 표현한다.

이 엄중한 경고는 회개한 죄인들이 거룩한 예식으로 나아오는 것을 막기 위한 것이 아닙니다. 우리는 스스로 의로운 양 이 만찬의 자리로 나온 것이 아닙니다. 오히려 우리가 죄인이고 그렇기에 구원을 위해 오직 예수 그리스도를 바라본다는 것을 증명하기 위해 나옵니다. 비록 완전한 믿음이 아니고, 온 마음을 다해 하나님을 섬기고 사랑하지 못해도, 내 몸을 사랑하듯 이웃을 사랑하지 못해도, 우리는 확신합니다. 우리가 겸손한 믿음으로 죄를 슬퍼하고 그분의 명령을 따르려는 굳은 의지로 나아갈 때 우리 주님께서 그분의 식탁에서 우리를 맞아주실 것을 확신합니다.[7]

위로의 말씀

그런 다음 목회자는 주의 만찬이 갖는 영적 의미—우리 영혼의 자양분을 위해 그리스도를 먹고 그 모든 혜택을 누리는 것—에 집중할 수 있게 돕는 성경 구절 몇 구절을 읽는다. 예를 들면 다음과 같다.

"수고하고 무거운 짐 진 자들아 다 내게로 오라 내가 너희를 쉬게 하리라"(마 11:28).

"하나님이 세상을 이처럼 사랑하사 독생자를 주셨으니 이는 그를 믿는 자마다 멸망하지 않고 영생을 얻게 하려 하심이라"(요 3:16).

"미쁘다 모든 사람이 받을 만한 이 말이여 그리스도 예수께서 죄인을 구원하시려고 세상에 임하셨다 하였도다 죄인 중에 내가 괴수니라"(딤전 1:15)

"만일 누가 죄를 범하여도 아버지 앞에서 우리에게 대

---

7. "Celebration of the Lord's Supper: Form Number 3" in PH, 155–56.

언자가 있으니 곧 의로우신 예수 그리스도시라 그는 우리 죄를 위한 화목 제물이니 우리만 위할 뿐 아니요 온 세상의 죄를 위하심이라"(요일 2:1-2)

수르숨 코르다 (Sursum Corda)

주신 말씀에 대한 반응으로, 기도에 앞서 우리는 '수르숨 코르다'(라틴어로 "마음을 들어 올리다"라는 뜻)로 알려진 오래된 응답을 활용한다. 이 말은 2세기로부터 유래된 것으로 성찬의 천상적 성격을 표현한다. 그리스도를 먹기 위해서는 믿음으로 하늘에 입장해야 하기 때문이다. 즉, 하늘의 진정한 양식이신 그리스도로 영양분을 공급받기 위해서 마음을 들어 올려야 한다.

마음을 들어 올려라.
우리 마음을 주께 올려 드립니다.[8]

기도

우리 위대하신 목자께서 당신의 양인 우리를 푸른 초

장과 쉴 만한 물가로 와서 먹고 마시라고 초청하신 후에, 우리는 그분이 우리 앞에 펼쳐놓으신(시 23:5) 상으로 겸손히 다가가 "겸손히 다가가는 기도"를 드린다.

전능하시고 영존하시는 하나님, 주의 독생자의 피로 지성소 안으로 향하는 새롭고 산 길을 확보하신 주님, 우리 마음과 생각을 주의 말씀과 영으로 깨끗하게 하시어, 이 거룩한 예식을 통해 당신께 가까이 나아가는 우리가 우리의 구원자이신 예수 그리스도의 몸과 피를 통해 거룩하신 삼위일체 하나님과 교제를 누리게 하옵소서. 우리는 하늘로 올라가신 우리 구원자께서 손으로 만든 성전에 계시지 않고, 하늘에서 계속 우리를 위해 중재하고 계심을 압니다. 이 성례전을 통해, 주의 말씀과 영으로, 이 평범한 요소들을 일상의 쓰임에서 성별하여 주사, 우리가 우리 생명을 유지하는 이 음식들을 진정으로 먹고

---

8. sursum corda에 관한 더 많은 설명은 Daniel R. Hyde, "Lift Up Your Hearts"를 참조.

마실 때, 영적인 생명을 위해 우리 영혼 안으로 그리스도의 몸과 피를 진정으로 받아들이게 하소서. 우리가 이것들을 믿음으로 받사오니, 믿음은 우리 영혼의 손과 입입니다. 아멘.[9]

오 자비로우신 하나님, 우리는 우리 자신의 의에 의존해서는 이 거룩한 식탁에 나올 자격이 없으며, 다만 주님의 풍성하고 위대한 자비에 의탁하며 옵니다. 우리는 주님의 식탁에서 떨어진 빵조각을 주울 자격도 없습니다. 그러나 주님은 항상 자비를 베푸시는 주님이십니다. 그러므로 자애로우신 주님, 우리가 이 빵을 떼는 것 안에서 주님의 사랑스런 아들 예수 그리스도의 죽음을 기념하고, 믿음으로 우리 심령 안에서 그분을 먹고, 그분에게 연합되고, 그분도 우리에게 연합되게 허락하소서. 그분은 아버지와 성령과 함께 영원한 찬양과 감사를 받기

---

9. 현시대에 작성된 이 기도문은 마이클 호튼(Michael Horton)이 쓴 것으로, 많은 미국 개혁교회에서 사용되고 있다.

에 합당하시나이다. 아멘. (성공회 공동기도문에서 개작함)

성찬 제정사

그런 다음 "성찬 제정사"(고전 11:23-26)를 낭독한다. 이때
다음의 예수님의 말씀이 들려온다. "이것은 너희를 위하
는 내 몸이니…이 잔은 내 피로 세운 새 언약이니." 하나
님은 우리가 이 약속의 말씀에 적극적으로, 믿음을 가지
고 참여하라고 요청하시며, "이것을 행하여 나를 기념하
라"고 말씀하신다. "내가 너희에게 전한 것은 주께 받은
것이니"라는 말씀도 있듯이, 이 예식에 참여하는 것은 수
많은 세대를 거쳐 지켜 온 보편적인 실천사항에 참여하
는 것이다.

분병 분잔

성찬식에 참여하는 방법은, 앉아서 할 수도 있고, 서
서 할 수도 있고, 무릎을 꿇고 할 수도 있다. 우리 교회에
서는 자리에서 일어나 성찬상 앞으로 나오게 한다. 성찬
식은 우리가 그리스도께로 나아가는 것이기 때문에 앞

으로 나오는 행동이 이러한 진리를 드러내는 중요한 표현이 된다. 예수님은 "떡을 가지사 축복하시고 떼어 제자들에게 주시며…잔을 가지사 감사 기도 하시고 그들에게 주셨다"(마 26:26-27). 따라서 성찬식은 "목사의 손에서 받아 입으로 맛보는 것처럼 확실히" 그리스도께서 우리를 먹이시고 영양을 공급하심을 경험하는 것이다(하이델베르크 요리문답 75문). 설교된 말씀 안에서 그리스도께서는 우리 영혼이 그분 손 안에 있다고 약속하시는데, 그분의 사역자를 통해 우리 앞에 놓인 가시적인 말씀 안에서 훨씬 더 강하게 약속해 주신다.

모든 사람이 빵과 포도주(가운데에 있는 잔에는 포도 주스가 담겨 있음)를 받은 후에는 자리에 앉아서 하늘에서 열리는 성대한 어린양의 혼인 잔치를 함께 미리 맛본다(계 19:6-10). 빵에 참여할 때 다음의 심오한 말씀을 듣는다. "여러분을 위해 찢기신 그리스도의 몸이 여러분의 몸과 영혼을 영원한 생명으로 보존합니다. 그리스도께서 여러분을 위해 죽으셨음을 기억하면서 받아 먹으시고, 감사함으로 믿음으로 여러분의 심령 안에서 그분을 먹으십시오." 잔에 참여할 때는 다음과 같은 말을 듣게 된다. "여러분을 위해 흘리신 그리스도의 피가 여러분의 몸과 영혼을 영원한 생명으로 보존하십니다. 그리스도의 피가 여러분을 위해 흘려졌음을 기억하고 이것을 마시고 감사하십시오."

감사 기도

다윗은 주님의 놀라운 은혜를 떠올린 후 "내가 여호와께 무엇으로 보답할까?"라고 기도했다(시 116:12상). 이 질문에 대한 응답으로 그는 주님께 기도와 찬양을 올려 드렸다. 우리도 이와 같이 "내게 주신 모든 은혜"(시 116:12하)에 감사하는 기도를 드린다.

찬양

이제 주님께서 그분의 식탁에서 우리 영혼을 살찌우신 것에 대한 보답으로 우리는 자리에서 일어난다. 그리스도 안에서 우리가 받은 영적 축복들에 감사하는 찬양을 부르며 감사의 마음을 담아 그분의 성호를 다 같이 찬양한다. 특별히 애용되는 시편은 시편 23편, "주는 나의 목자

시니", 시편 34편, "내가 여호와를 항상 송축함이여", 시편 103편, "내 영혼아 여호와를 송축하라", 시편 107편, "여호와께 감사하라 그는 선하시며"[10] 등이다.

세상으로 파송

축도

이제 마지막으로 하나님께서 말씀하신다. 그분은 우리가 그분의 평강 가운데(사 55:12) 세상의 빛과 소금이 되도록(마 5:13-16) 기쁨 안에서 우리를 파송하신다. 우리는 아론이 이스라엘 백성에게 선포한 다음과 같은 말을 듣는다. "여호와는 네게 복을 주시고 너를 지키시기를 원하며 여호와는 그의 얼굴을 네게 비추사 은혜 베푸시기를 원하며 여호와는 그 얼굴을 네게로 향하여 드사 평강 주시기를 원하노라"(민 6:24-26).

---

10. 이 찬양들은 Psalter Hymnal(시편 찬송)에 있다.

저녁 예배 순서 개요

하나님의 임재로 들어가기

−예배로의 부름

−주기도문

−성경으로 응답하기

시편 찬송 부르기

하나님의 말씀

−신구약 성경 읽기

−설교 본문 읽기

−설교

기도

−중보 기도

−감사 기도

−헌금

–저녁 찬송

세상으로 파송하기

–축도

저녁 예배에 대한 설명

다음 장에서 저녁 예배를 드리는 이유에 대해 좀 더 구체적으로 설명할 것이다. 지금은 일단 매주 안식일에 하나님의 백성이 아침저녁으로 모여 예배하는 것이 너무나 복된 일임을 이해하는 것이 중요하다. 서로 섬길 수 있는 기회일 뿐 아니라 하나님의 말씀을 듣고 그분을 찬양하고 기도할 수 있는 기회이기도 하다. 찬양과 기도, 이 두 가지가 예배의 핵심을 이룬다. 우리 교회 오전 예배는 1시간 15분 내지 1시간 30분 정도 소요되는 데 반해, 저녁 예배는 1시간이 소요된다. 여기에 제시한 예배 순서 샘플은 성공회 공동기도서에 나오는 저녁 기도 예배 순서를 변경하고 축소한 것이다.

하나님의 임재로 들어가기

예배로의 부름

아침 예배와 마찬가지로 저녁 예배도 우리를 예배로 부르시는 하나님의 말씀으로 시작한다. 저녁 예배에서는 주제별로 말씀을 달리하여 변화를 줄 수 있다. 예를 들어, 아래 소개된 성경 구절들에는 하나님을 향한 목마름이 표현되어 있다.

"하나님이여 사슴이 시냇물을 찾기에 갈급함 같이 내 영혼이 주를 찾기에 갈급하니이다 내 영혼이 하나님 곧 살아 계시는 하나님을 갈망하나니 내가 어느 때에 나아가서 하나님의 얼굴을 뵈올까"(시 42:1-2).

"밤에 내 영혼이 주를 사모하였사온즉 내 중심이 주를 간절히 구하오리니"(사 26:9).

"하나님이여 주는 나의 하나님이시라 내가 간절히 주를 찾되 물이 없어 마르고 황폐한 땅에서 내 영혼이 주를 갈망하며 내 육체가 주를 앙모하나이다"(시 63:1).

"주를 향하여 손을 펴고 내 영혼이 마른 땅 같이 주를 사모하나이다"(시 143:6).

"누구든지 목마르거든 내게로 와서 마시라"(요 7:37).

주기도문

예배로의 부름에 이어서, 우리는 "몸과 영혼에 필요한"(하이델베르크 요리문답 118문) 모든 "간구와 기도와 도고와 감사"(딤전 2:1)가 요약되어 있는 주기도문을 사용하여 간구한다. 주기도문은 우리가 어떻게 기도해야 하는지 가르쳐주는 지침이요 모범일 뿐 아니라, "그 자체를 기도문으로 사용할 수 있는 것으로서 합당한 이해와 믿음과 경외심과 그밖의 은혜들을 가지고 기도할 수 있게 하는 것이다"(웨스트민스터 대요리문답 187문).

성경으로 응답하기

그런 다음 오전 예배와 마찬가지로 응답하는 기도를 한다. 목사가 "주여 내 입술을 열어 주소서"라고 기도하면, 회중은 "내 입이 주를 찬송하여 전파하리이다"(시 51:15)라고 기도한다. 하나님께서 친히 성령을 통해 우리가 그분을 바르게 찬양하도록 인도해달라는 기도이다. 그런 다음 하나님께서 은혜로 도우시기를 간청한다. "하나님이여 나를 건지소서 여호와여 속히 나를 도우소서"(시 70:1). 마지막으로 오전에 기도했듯이, 다시 한번 기도한다. "여호와의 이름을 찬송하라 여호와의 종들아 찬송하라"(시 135:1).

시편 찬송 부르기

저녁 예배에서는 한 주 한 주 구약의 시편을 순서대로 불러 나간다. 시편은 하나님의 말씀이다. 시편은 그리스도인이 경험하는 모든 경험(좋은 경험, 나쁜 경험) 안에서 하나님이 우리를 도우시는 내용을 담고 있다. 결론적으로 시편을 통해서 우리는 삼위일체 하나님을 찬양한다. 그런 다음 고대 교회의 관습에 따라 소영광송(Gloria Patri)을 부른다.

성부, 성자, 성령께 영광 돌려보내세.
태초로 지금까지 또 영원무궁토록 성삼위께 영광 영광.

아멘, 아멘.[11]

하나님의 말씀

신구약 성경 읽기

이제 말씀을 묵상하는 시간을 갖는다. 앞서 2장에서 언급했듯이, 우리는 하나님의 말씀을 읽는 것이 예배를 구성하는 요소라고 믿는다. 하나님의 이야기를 듣는 방식으로 구약 일부를 읽고 그런 다음 신약 일부를 읽는 시간을 갖는다.

설교 본문 읽기

이렇게 체계적으로 성경을 읽고 나서 저녁 설교 본문을 읽는다.

설교

읽은 본문 말씀에 대한 설교를 듣는다. 2장에서 말했듯

---

11. *Psalter Hymnal*, #492.

이, 저녁 예배에서는 기독교 교리와 삶의 가장 기본적 핵심들을 짚어나가는 설교를 하는 것이 보통의 관행이다.

기도

하나님께서 설교를 통해 우리에게 말씀하시고 나면, 이제 우리가 기도로 그분께 말씀드린다. 저녁 예배에서는 기도에 상당한 시간을 할애하는데, 중보 기도와 감사 기도를 모두 한다.

중보 기도

중보 기도 시간에는 끼리에 엘레이손(*kyrie eleison*)으로 알려진 "주여, 불쌍히 여기소서"라는 고대의 응답문을 사용한다. 사역자가 "주여, 우리를 불쌍히 여기소서"라고 기도하면, 우리 모두는 "그리스도여, 우리를 불쌍히 여기소서"라고 기도하고, 사역자가 다시 한번 "주여, 우리를 불쌍히 여기소서"라고 기도하며 끝맺는다. 이러한 기도는 우리로 하여금 더 많이 기도하도록 촉구하며, 오직 그리스도를 통해 은혜의 보좌 앞에 겸손히 나아간다는 표현이다.

우리는 또한 하나님의 말씀에서 명령하는 기본적인 기도들을 표현하는 일련의 응답 기도들도 종종 사용한다. 예를 들어 주께서 베푸시는 은혜로운 구원이 알려지길 빌면서 이러한 문구들을 사용한다. "주님, 당신의 자비를 보여주소서. 그리고 우리에게 당신의 구원을 허락하소서." 또한 나라를 위해 이렇게 기도한다. "오 주님, 이 나라를 구원하시고 우리가 당신을 부를 때 은혜를 베푸셔서 들으소서." 복음을 전하는 사역자들과 그 복음을 듣는 자들을 위해서는 이렇게 기도한다. "당신의 사역자들을 의로 옷입히소서. 그리고 당신의 택한 백성들로 즐거워하게 하소서." 모든 민족과 모든 나라 가운데 흩어진 택자들을 위해 기도한다. "오 주님, 당신의 백성을 구원하소서. 그리고 당신의 기업을 축복하소서." 세상의 안녕을 위해 기도한다. "오 주님, 이 시대에 평화를 주소서. 오, 하나님, 오직 당신만이 우리를 위해 싸우십니다." 우리의 성화를 위해 기도한다. "오 하나님, 우리 마음을 정결하게 하시고 당신의 성령을 거두지 마소서."

그 후 우리 중보 기도 시간 대부분은 특별히 지역적 세계적 선교를 위해 기도하고, 우리가 더욱 거룩해지기를 기도하고, 좀 더 효과적으로 복음을 전하는 증인이 되기를 기도하고, 교회의 필요를 위해 기도한다.

감사 기도

또한 하나님이 우리에게 주신 모든 것에 감사하면서 한 목소리로 감사 기도를 드린다.

전능하신 하나님, 모든 자비의 아버지시여, 주님의 무익한 종인 저희는 주께서 저희를 포함한 모든 사람에게 베푸신 선하심과 인자하심에 겸손히 엎드려 진심어린 감사를 드립니다. 우리를 창조하시고 보존하시고 또한 이 땅에서의 삶에 내려주신 모든 축복들로 인해 하나님을 찬양합니다. 하지만 그 무엇보다 우리 주 예수 그리스도를 통해 세상을 구원하신 아버지의 측량할 수 없는 사랑을 찬양합니다. 또한 은혜의 방편들을 주시고 영광의 소망을 주심도 찬양합니다. 또한 간청하오니 우리가 당신의 무한한 자비를 깨닫게 하시고 이에 진심으로 감사하게 하소서. 또한 우리의 삶을 주님의 일에 전적으로 헌신하게 하시고 매일의 삶에서 거룩과 의를 행하여 당신을 찬양하게 하소서. 아버지와 성령님과 함께 모든 영광이 영원히 있을 우리 주 예수 그리스도의 이름으로 기도합니다. 아멘. (성공회 공동기도문에서 개작함)

헌금

오전 예배에 이어 저녁 예배에 드리는 헌금 순서는 하나님이 예수 그리스도 안에서 우리에게 베풀어주신 놀라운 은혜에 대한 우리의 감사를 가시적으로 나타내는 표현이다.

저녁 찬송

그날 베풀어주신 복을 찬양하며 기도 시간을 끝맺는다. 여기에 맞는 노래 중 하나로 "오늘밤, 나의 하나님 당신께 모든 찬양을 돌립니다"[12]가 있다.

오늘 밤, 모든 찬양을 나의 하나님 당신께 돌립니다.

빛을 비추어주신 모든 축복으로 인하여 찬양합니다.

왕 중의 왕이시여, 주의 전능한 날개 아래

나를 품으소서. 나를 품으소서.

주님, 주의 사랑하는 아들을 위해

오늘 내가 행한 모든 악,

세상과 더불어 행한 모든 악을 용서하소서.

평화로운 잠을 주소서.

오, 나의 영혼이 주로 인하여 쉼을 누리게 하소서.

달콤한 잠으로 나의 눈꺼풀이 덮이게 하소서.

주께서 주신 달콤한 잠으로

아침에 깰 때 주님을 더욱 열심히 섬기게 하소서.

모든 복의 근원이신 하나님을 찬양하라.

---

12. *Trinity Hymnal*, #401.

모든 피조물아 그분을 찬양하라.

천사들아 하늘에서 그분을 찬양하라.

아버지와 아들과 성령을 찬양하라.

세상으로 파송하기

축도

저녁 예배는 오전 예배와 마찬가지로 하나님이 우리를 세상으로 파송하시며 친히 들려주시는 말씀으로 끝난다. "소망의 하나님이 모든 기쁨과 평강을 믿음 안에서 너희에게 충만하게 하사 성령의 능력으로 소망이 넘치게 하시기를 원하노라"(롬 15:13).

4장
언제 예배로 모이나

지금까지는 우리 예배의 "왜"와 "무엇"에 해당하는 것들을 설명했다. 이제는 "언제"에 대해 말할 차례이다. 하나님이 우리를 섬기시고 우리가 하나님을 섬기기 위해 일요일에 만나야 하는 이유를 여러분이 당연히 알고 있다고 넘겨짚지 않고 "언제 예배로 모이는지" 묻는 질문에 답을 해보려고 한다.

주일

어떤 일이건 5분 만에 끝낼 수 없으면 하지 않으며

(microwave mentality), 시간과 장소에 관계없이 원하는 사람과는 언제든지 의사소통을 하며(sound-byte generation), 뉴스 헤드라인만 읽고, 소비 사회의 광기가 판치는 이 시대에, 우리는 일요일에 모임을 갖는다. 신약에서는 이 날을 주의 날(계 1:10)이라고 부른다. 6일 동안의 노동과 근심과 걱정은 잠시 옆으로 밀어 두고, 우리보다 크고, 우리보다 오래되고, 우리 마음을 진정한 성취로 채우는 무언가에 참여하기 위해 이렇게 한다.

창조 이후로 줄곧 하나님의 백성들은 일곱째 날, 즉 토요일에 예배를 드렸다. 매주 이날 안식하는 것은 "창조 규례"였다. 창조주께서 친히 본을 보여 제정하사 피조물들이 따르게 하셨다. 하나님이 피조세계를 통치하시고 자기 형상대로 지은 인간들에게 피조세계를 통치하고 다스리라고 요구하신 것처럼(창 1:26-28), 하나님이 6일간 일하시고 자기 형상대로 창조된 인간들에게도 일하라고 하신 것처럼(창 2:15), 하나님이 일곱째 날에 쉬시며(창 2:2; 출 20:11) 재충전하셨고(출 31:17) 인간들에게도 쉬라고 요구하셨다. 하나님은 일곱째 날을 "거룩하게 하여"(창 2:3) 따로 떼어

놓으심으로써 그날을 축복하셨다. 물론 하나님께서 스스로 "쉬셨다"거나 "일하셨다"고 표현한 것은 우리가 따라 할 수 있도록 모범을 보여주시기 위함이다. 하나님이 "쉬셨다" 함은, 만드신 모든 것을 보며 기뻐하고 만족하셨다는 의미이다. 시편 저자는 이렇게 말했다. "여호와는 자신께서 행하시는 일들로 말미암아 즐거워하시리로다"(시 104:31).

하나님이 놀라운 능력으로 당신의 백성을 애굽에서 나오게 하고 홍해를 건너게 하신 후에, 안식일은 하나님이 당신의 백성을 성결하게 하였다는 '언약의 표시'의 의미를 더하게 되었다(출 31:13). '언약의 표시란 무엇을 표시한다는 말인가? 그날 성도들은 하나님이 자신을 창조하고(출 20:8-11) 구속하신(신 5:12-15) 사실을 기념했다. 또한 일 년에 한 번 돌아오는 대속죄일도 안식일이었다(레 16:30-31). 그래서 안식일에는 하나님이 그의 백성을 용서하신 것도 기념하였다.

그러나 모세(출 19장)로부터 그리스도까지 이스라엘과 맺은 은혜 언약의 경영인 "옛 언약"(히 8:6,7,13) 하에서 지켜

지던 이 안식일 규례는 극도로 엄격했다. 아브라함 때와는 달리, 하나님은 모세 시대에 은혜 언약의 경영에 율법을 더하셨다(레 18:5; 갈 3:10,19,24). 아담에게 그랬던 것처럼, 이스라엘의 일과 안식은 순종과 영원한 안식이라는 영원한 영적 실재에 대해 말해주는 것이었다. 이스라엘 백성과 그 자녀들만 일을 안 하면 되는 것이 아니고, 집안 식구들(종, 가축, 심지어 객)도 쉬게 하여야 했다(출 20:10). 하나님은 심지어 무엇을 할 수 있고 무엇을 해서는 안 되는지에 대한 규례들도 주셨다. 예를 들어, 누군가 불을 지피려고(출 35:1-3) 나무하러 나가면(민 15:32-36), 그는 사형에 처해졌다(출 31:14-15; 35:2). 법이 집행되듯 엄격하게 율법이 적용되었는데, 이 율법은 이스라엘을 예수 그리스도께로 이끌기 위한 것이었고(갈 3:24), 예수 그리스도는 옛 언약을 끝내는 최종적인 희생제물이시다(히 7:11-12,18-19; 8:7,13).

예수님이 한 주의 첫날에 죽은 자 가운데서 부활하신 후에 모든 것이 변하게 되었다. 두 번째 아담(고전 15:45-47)이신 그리스도는 첫 번째 아담이 실패한 그 일을 끝마치셨다(요 19:30; 롬 5:12-19). 따라서 이제 우리는 그리스도인으로서 새 언약 아래에 있으며, 예수 그리스도 안에서 하나님이 베푸신 은혜에 대해 예배하고 기념하는 날은 한 주의 첫날인 일요일이 된다. 이날에 우리는 우리가 이미 하나님의 영원한 안식(마 11:28; 히 4:10)을 소유하고 있고 새 하늘과 새 땅에서(계 21-22장) 영원토록 이 안식의 충만을 경험하게 될 것을 기다린다는 영광스러운 현실을 기뻐하고 기념한다.

많은 사람이 믿는 것과 달리, 초대교회가 성경에서 벗어나 콘스탄틴 황제 치하에서 이교도 로마인들의 태양신 숭배의 영향을 받아서 일요일에 예배를 드리게 된 것이 아니다. 창조 원리는 7일 중 하루를 예배를 위해 따로 떼어두는 것이었으며, 그 원리가 적용되는 상황이 변하여 날짜가 바뀐 것이다.

……이날은 창세로부터 그리스도의 부활까지는 한 주의 마지막 날이었으나, 그리스도의 부활 이후는 첫날로 변경되었는데, 성경에서는 이날을 주의 날이라고 부른다. 이날은 세상 끝날까지 그리스도인의 안식일로 계속

되어야 할 것이다(웨스트민스터 신앙고백 21장 7항).

그렇다면 우리는 왜 토요일이 아닌 일요일에 예배를 드릴까? 몇 가지 이유가 있다. 첫 번째는, 신약에서 안식 후 첫날을 "주의 날"(계 1:10; 고전 16:2)이라고 부르기 때문이다. 이러한 문법적 어구는 이날이 특별하게 우리 주 예수 그리스도에게 속한 날이라는 것을 의미한다.

두 번째로, 일요일은 우리 주님이 죽은 자 가운데서 살아나신 날이었다(요 20:1). 시편 저자는 "이날은 여호와께서 정하신 것이라 이날에 우리가 즐거워하고 기뻐하리로다"(시 118:24)라고 말하면서 그리스도의 부활을 미리 내다보았다. 일요일은 살아 계신 온 세상의 구주를 기뻐하며 기념하는 날이다. 다마스커스의 성 요한은 이렇게 기록했다.

이제 하늘이여 기뻐하라, 땅이여 노래하라
온 세상과 그 안에 있는 모든 것들아 기뻐하라
만물아 감사함으로 기뻐하라

우리 주 그리스도께서 다시 사셨으니 우리 기쁨이 한이 없구나.[1]

세 번째로, 하나님이 창조의 첫날에 빛을 만드시고 그 것을 어둠과 분리하신 것처럼, 우리는 한 주의 첫날에 모여 죄와 어둠의 세상에서 우리를 분리한(요 1:5,9; 3:19; 8:12; 고후 4:1-6) 예수 그리스도 안에 있는 복음의 빛을 기념한다.

네 번째로, 옛 언약인 안식일 율법의 엄격함이 그리스도의 오심과 함께 종식되었다(골 2:16-17; 갈 4:9-10; 롬 14:5-6). 창조부터 그리스도까지 하나님의 사람들은 6일은 일하고 일곱째 날에 쉬면서 안식의 날을 고대하였다. 이것은 영원한 안식을 고대하는 예표였다. 그리스도의 초림부터 재림 때까지 하나님의 백성들은 첫날에 쉬고 나머지 6일은 일하면서, 그리스도께서 완성하신 일을 돌아본다. 우리 주님이 금요일 저녁부터 일요일 아침까지 무덤에 계시는 동안, 사물의 옛 질서는 그분과 함께 묻혔다. 예수님이 다

---

1. *Psalter Hymnal*, #364.

시 살아나셨을 때, 예수님은 사물의 새 질서를 시작하셨다. 이런 이유에서 요한복음은 그 주의 첫날을 여덟째 날, "여드레를 지나서"(20:26)라고 말한다. 그것은 단순히 다른한 주의 시작이 아니라 완전히 새로운 시작이었다. 바나바 서신(ca. 100)은 이날을 "우리가……기쁨으로 지킬" "새로운 세계의 시작"(15장)이라고 언급한다.

주의 날은 예수님이 친히 "안식일이 사람을 위하여 있는 것이요 사람이 안식일을 위하여 있는 것이 아니니"(막 2:27)라고 말씀하셨듯, 짐이 되어서는 안 된다. 이사야 선지자도 다음과 같이 말했다.

만일 안식일에 네 발을 금하여 내 성일에 오락을 행하지 아니하고 안식일을 일컬어 즐거운 날이라 여호와의 성일을 존귀한 날이라 하여 이를 존귀하게 여기고 네 길로 행하지 아니하며 네 오락을 구하지 아니하며 사사로운 말을 하지 아니하면 네가 여호와 안에서 즐거움을 얻을 것이라 내가 너를 땅의 높은 곳에 올리고 네 조상 야곱의 기업으로 기르리라 여호와의 입의 말씀이니라(사

58:13-14).

그날은 주의 날이기 때문에 우리를 향한 그분의 뜻대로, "모이기를 폐하는 어떤 사람들의 습관과 같이 하지 말고 오직 권하여 그날이 가까움을 볼수록 더욱"(히 10:25) 부지런히 교회 회집에 참석해야 한다. 마지막 날을 신실하게 고대하는 것은 초대교회의 특징이었다. "그들이 사도의 가르침을 받아 서로 교제하고 떡을 떼며 오로지 기도하기를 힘쓰니라"(행 2:42).

아침과 저녁

주의 날, 주일을 우리의 "주말"을 숨막히게 하는 하나의 규율로 여기는 대신에, 주일을 지킴으로써 삶의 리듬을 얻고 삶의 틀이 잡히는 하나님의 선물로 보아야 한다. 주일을 지키는 것은 율법주의가 아니라 우리 경건의 일환으로, 이것은 하나님의 선물에 감사로 응답하는 것이다. 우리가 그날을 거룩하게 구별하는 것은, 우리가 결국에는 지나가 버릴 이 세대에 속하지 않고 다가올 영광스러운 세대에 속해 있기 때문이다. "우리의 시민권은 하늘에 있는지라"(빌 3:20).

그러므로 우리는 주일에 아침저녁으로 함께 모인다. 일요일은 '주의 아침'이 아니라 '주의 날'이다(슬프게도 '주의 시간'으로 여기는 사람도 있다). 이것은 안식일이 하루를 온전히 안식하는 날인 것과 마찬가지이다. 개혁교회들은 고대 기독교 교회가 그 날을 "거룩하게"(출 20:8; 신 5:12) 지키기 위해 주일에 예배를 두 번 드리던 역사적 실천을 따르고 있다.

이렇게 안식일에 아침저녁으로 예배를 드리는 것은 비단 역사적 형태일 뿐 아니라 가장 성경적인 형태이기도 하다. 창조 시에 하나님은 시간을 아침과 저녁으로 구분하셨고(창 1-2장), 하나님의 백성들은 성막과 성전에서 아침저녁으로 제사드리고 기도했다(출 29:38-42; 30:7-8; 레 6:19; 민 28:3-31; 29:6-38). 성경 저자들은 이 제사들을 "찬양의 제사"로 해석한다(시 50:14; 히 13:15; 말 3:3-4; 벧전 2:4-10). 아침저녁으로 기도의 제사를 드리는 이 형식은 특히 안식일에 해당

되었다(시 92편). 이러한 형식은 시편 전체(예를 들면 시 1:2; 5:3; 77:6; 141:2)와, 이스라엘 회당 역사와, 사도행전(행 3:1; 10:9)과, 교회사에 명백하게 나타나는데, 교회사에서 후에는 아침 기도, 저녁 기도라고 불렸다. 예를 들어, 사도헌장(Apostolic Constitutions)이라고 알려진 고대 기독교 문서에는 주중에 아침저녁으로 열리는 예배에 "모든 기독교인이 아침저녁으로 교회에서 부지런히 자주 모여야 한다"는 제목이 붙은 부분이 있다. 주일에 그리스도인들은 "더욱 부지런히 모여야" 했다(사도헌장 2.7.59).

옛 언약에 속하는 할례, 유월절, 안식일이 새 언약의 세례, 성만찬, 주일로 대체된 것처럼, 신약 성경은 매일 아침저녁으로 드리는 희생제사가 매일 행해지는 교회의 공적 기도와 개인 기도 안에서 성취되었다고 가르친다. 사도행전을 보면 초대 교회는 집에서도 모였지만 회당에서도 함께 모여 공적 기도회를 열었던 것을 알 수 있다. 사도행전 2장 42절에서 교회 구성원들은 "오로지 기도하기를" 힘썼다. 또 사도행전 2장 46절에서는 공적 기도 외에도 믿는 자들이 자신들의 집에서도 함께 모여 개인적으로 기도했던 것을 보여준다(행 1:14; 4:23-31; 12:12-17). 이것은 기도에 대해 바울이 한 말에서도 확인된다. 예를 들어, 바울이 "쉬지 말고 기도하라"(살전 5:17; 엡 6:18; 히 13:15; 롬 12:12; 딤전 5:5)고 말할 때, 그는 구약적인 방법으로 말하고 있는 것이다. 위에서 언급한 매일 드리는 아침저녁 제사는 타미드 제사(tamid offering)라고 하는데, 즉 정규적이고 지속적인 제사이다. 이런 표현은 흠정역이나 ESV 영어 성경의 디모데후서 1장 3절 "내가 밤낮 간구하는 가운데 쉬지 않고 너를 생각하여"에도 등장한다(딤후 1:3; 참조 롬 1:9-10; 고전 1:4; 엡 5:20; 빌 1:4; 4:4-6; 골 1:3; 살전 1:2-3; 2:13; 3:6,10; 살후 1:3,11; 2:13; 몬 4절). 바울은 우리에게 이스라엘처럼 아침저녁으로 "찬양의 제사"(히 13:15)를 드리라고 말하고 있는 것이다.

우리도 이러한 실천사항을 따른다. 그 이유는 교회 장로들이 교회의 안녕을 위해 그리스도께서 부여한 권위를 행사하여 주의 날에 행할 실천사항을 그렇게 규정했기 때문이다.

교회를 다스리는 사람들이 교회의 몸을 유지하기 위하

여 만든 규례들이 비록 쓸모 있고 유익하다 하더라도, 우리는 이 모든 것이 우리의 유일한 주인이신 그리스도께서 세우신 규례로부터 벗어나서는 안 된다고 믿는다. 따라서 우리는 인간이 예배에 도입한 어떤 인간의 고안물이나 법칙으로 우리의 양심을 속박하고 강요하는 것을 배격한다. 우리는 오직 모든 사람들로 하여금 하나님께 순종하게 하며 조화와 일치를 이루게 하는 것만을 받아들인다(벨직 신앙고백 32항).

우리는 우리 자신이 아닌 주를 위한 존재로서(롬 14:7), 이날을 구별하여 감사로 가득한 안식을 누리고 삼위 하나님을 예배하는 일에 헌신한다. 주의 날은 예수님이 우리를 아버지께로 데려가 우리를 그분의 팔에 누이고 우리 영혼을 위해 성령의 음식을 먹이시는 날이다. 따라서 주일에 우리가 함께 모여 언약의 하나님을 예배하고 그분의 은혜를 받는 것보다 더 좋은 일은 없다. J. C. 라일은 이렇게 말했다.

충분한 이유가 없다면 주일마다 하나님의 집에 가는 것을 빼먹지 마라. 성만찬에 절대 빠지지 마라. 은혜의 방편이 진행되고 있는 자리에 빠지지 마라. 이것이 성장하고 번성하는 그리스도인이 되는 한 가지 방법이다. 우리가 불필요하게 놓친 그 설교에 우리 영혼을 위해 가장 필요한 소중한 말씀이 들어 있을 수 있다. 우리가 불참한 기도와 찬양을 위한 집회가 우리 마음을 일으켜 세우고 잡아주고 살릴 바로 그 집회였을 수 있다.[2]

특별 예배

마지막으로, 성경에 따르면 주일 예배는 반드시 드려야 하는 의무사항이지만, 그밖의 예배는 기독교인의 자유의 문제이다(롬 14:1-12). 장로들은 주일 외의 날에도 예배를 소집할 수 있다. "이밖에 때를 따라…… 특수한 경우에…… 엄숙한 금식이나 추수감사절 등을 소집할 수 있다"(웨스트민

---

2. J. C. Ryle, *Expository Thoughts on John*, 454–55.

스터 신앙고백 21장 5항). 또한 역사적 개신교 개혁파 교회에서
는 다섯 개의 "복음주의적 축일들"도 기념하고 있다. 이날
들은 그리스도께서 우리를 위해 행하신 일들을 기념하는
날들로서 그분의 탄생(크리스마스), 죽음(성금요일), 부활(부활
절), 승천(예수 승천 대축일), 성령 강림(성령강림절)을 각각 기념
한다.[3]

   우리가 일주일에 하루 예배로 모이는 것은 단순히 관
습이나 전통을 지키기 위해서가 아니라, 하나님의 명령에
순종하기 위함이다. 왜냐면 그날은 "그분의 날"이기 때문
이다. 이렇게 함으로써 우리는 "하나님께서 그분의 성령
을 통해 내 안에서 일하시게 하며 영원한 안식을 이생에
서 시작하는"(하이델베르크 요리문답 103문) 큰 복을 받는다.

---

3. For more on these days see Hyde, "Lutheran Puritanism?", 61–83.

결론

지금까지 개혁교회 예배를 간략하게 살펴보았는데, 우리는 삼위일체 하나님의 형상대로 창조된 존재로 그분을 예배하기 위해 존재한다고 설명했다. 결국 우리가 아무라도 능히 셀 수 없는 구원받은 큰 무리로서(계 7:9) 영원토록 하게 될 일이 바로 이것이다. 지금까지 개혁교회 예배의 왜(why)와 무엇(what)과 언제(when)에 대해 말했는데, 여러분은 이제 개혁교회의 신앙과 삶의 최고의 궁극적인 원천은 성경임을 알게 되었을 것이다. 그렇지만 여러분과 나는 하나님을 기쁘시게 하는 예배의 그 심대한 의미의 표면만 조금 건드렸을 뿐이다. 바라기는 하나님이 우리를 섬겨주신 것에 대해 반응하는 그 놀라운 경험에 함께 참여하면서 여러분과 함께 배움의 여정을 계속해 나가길 고대한다.

오라 우리가 여호와께 노래하며
우리의 구원의 반석을 향하여 즐거이 외치자(시 95:1).

왜 어떤 목회자들은 예복(robe)을 입는가

대다수 우리 교회 성도들을 비롯한 많은 개혁교회 성도들은 초교파 교회를 다니던 사람들이 개혁교회 예배에 참석하면 문화적 충격을 받는다는 것을 경험으로 알고 있다고 이 책을 시작하면서 말했다. 우리 개혁교회의 예배에는 찬양팀이 없다. 오르간이나 피아노 혹은 한두 개의 기타가 고작이고 심지어는 악기가 전혀 없는 곳도 있다. 스크린에 나오는 악보를 보는 대신 주보에 인쇄된 찬송가나 복음송을 부른다. 예배는 "예수님과 편히 만나 즐기는" 시간이 아니라 하나님과의 공식적인 만남의 시간이다.

　여기서 말하고 싶은 또 다른 차이점이 있다. 우리 교회에서는 분명히 발견할 차이점이지만 다른 개혁교회에서는 아닐 수도 있다. 그래서 이 부분을 부록으로 뺐다. 많은 개혁교회에서 목회자는 하와이 셔츠나 다른 어떤 평상복을 입는 대신 정장을 입는다. 나는 예배드릴 때(아마 다른 개혁교회에서도 볼 수 있을 것이다) 수수한 검은색 목사 예복(robe)을 입는다. 여기서 설명하고 싶은 것이 바로 이 예복이다.

많은 사람에게 이 옷은 "로마 가톨릭식으로" 보인다. 또 어떤 사람에게는 이 옷이 자유주의 교회(성경을 진지하게 받아들이지 않는, 아마 일요일 아침 TV에 방송되는 Crystal Cathedral 같은 교회들)에 속한 목사를 연상시킨다. 이런 인식이 있기 때문에, 나를 포함한 많은 개혁교회 목사들이 설교 예복('제네바 가운'이라고 불리기도 함)을 입는 이유를 지금부터 간단히 설명하려고 한다.

직분에 관한 성경적 가르침

이렇게 예복을 입는 가장 첫째되고 중요한 이유는 교회

안의 직분에 대한 성경의 가르침이다. 성경은 하나님이 목사/사역자를 특별한 직분으로 부르셨다고 가르친다. 하나님은 그들이 하나님 백성들의 삶에서 공적이고 권위적인 기능을 하도록 하셨다. 이에 대해서는 신약 서신서에 잘 나와 있다. 예를 들면, 에베소서 4장 11절, 12절은 그리스도께서 성도를 온전하게 세우려고 목사와 교사(pastor-teacher)를 주셨다고 말한다. 또 다른 곳에서는 "하나님이 교회 중에 몇을 세우셨으니 첫째는 사도요, 둘째는 선지자요, 셋째는 교사요"라고 말하고 나서 "다 사도이겠느냐? 다 선지자이겠느냐? 다 교사이겠느냐?"라고 묻는다(고전 12:28-29). 하나님은 교회를 섬기도록 사람들을 특정한 직분에 두시기 때문에, 하나님의 백성은 그 직분자들을 인정하고, 존중하며, 그들에게 복종해야 한다.

너희를 인도하는 자들에게 순종하고 복종하라 그들은 너희 영혼을 위하여 경성하기를 자신들이 청산할 자인 것 같이 하느니라 그들로 하여금 즐거움으로 이것을 하게 하고 근심으로 하게 하지 말라 그렇지 않으면 너희에게 유익이 없느니라(히 13:17).

교부인 안디옥의 이그나티우스(ca. 50-117)는 "서머나 교회에게(To the Smyrnaeans)"라는 편지에서 이렇게 썼다. "예수 그리스도께서 아버지를 따르신 것 같이 너희 모두 목사를 따르라"(8장). 또 "에베소 교회에게(To letter to the Ephesians)"라는 편지에서 이렇게 썼다. "우리가 주님을 우러러 보듯 목사를 우러러 보아야 한다"(6장). 성경과 이그나티우스가 이같이 말하는 이유는 성직의 직분 때문이다. 사도 바울은 이에 대하여 좀 더 분명하게 가르치고 있다. "형제들아 우리가 너희에게 구하노니 너희 가운데서 수고하고 주 안에서 너희를 다스리며 권하는 자들을 너희가 알고 그들의 역사로 말미암아 사랑 안에서 가장 귀히 여기며 너희끼리 화목하라"(살전 5:12-13).

직분자가 친구이거나 또래이거나 혹은 가족 구성원이거나 심지어 나이가 더 어리다면 이렇게 하는 것이 쉽지 않을 수 있다. 그러나 사도 바울은 젊은 목회자 디모데에게 "누구든지 네 연소함을 업신여기지 못하게 하라"(딤전

4:12)고 권면한다. 그리고 같은 장에서 사도바울은 디모데를 "그리스도 예수의 좋은 일꾼" 곧 그리스도의 사역자(딤전 4:6)라고 부른다.

따라서 예복을 입는 것은 **설교단에 선 사역자의 직분을 강조하는 것이고 그 사람의 인격을 강조하는 것이 아니다.** 이것은 성도들이 목사 개인과 그의 인격으로부터 관심을 돌려 목사가 속한 곳, 즉 하나님을 대변하는 목사로서의 직분에 집중하게 하는 하나의 방법이다. 마틴 로이드 존스는 "가운은 하나님의 부르심의 표지이고, 한 사람이 이 일을 위해 '구별'되었다는 사실을 드러내는 표지이다. 그 이상의 의미는 없다"[1]라고 말한다.

성경에서는 옷과 특별한 직분이 종종 연결된다. 다른 말로 하면, 옷은 한 사람의 부르심 혹은 직분을 가시적으로 보여준다.[2] 예복의 목적은 그 사람을 감추고, 하나님

---

1. Lloyd-Jones, *Preaching and Preachers*, 160.

2. 창 9:20–27; 39:1–13; 37:3–11, 23; 41:1–44; 출애굽기와 레위기에 참고할 구절이 많음; 삼상 2:19; 15:27; 18:4; 24:4, 5, 11, 14; 스 9:3–5; 에 8:15; 사 22:21; 욘 3:6; 마 22:11ff.; 27:31; 막 16:5; 눅 15:22; 계 1:13; 4:4; 6:11; 19:13, 16.

의 백성 앞에서 그가 받은 직분이나 부르심을 강조하는 것이다.

성경에서, 주의 사역자들은 공중 모임 중에 대표하는 역할을 한다. 그가 하나님 앞에서 대표기도로 사람들을 인도할 때, 그는 아버지 앞에서 기도로 교회를 이끄시는 그리스도를 대변한다. 또 말씀을 읽고 설교할 때는 거룩한 신부에게 말씀하시는 남편 되신 그리스도를 대변한다. 예복이 사역자를 회중들 위(above)에 두는 것이 아니라, 주의 날에 섬기는 목사 직분을 위해 그를 구별(apart)한다. 더 정확히 말하면, 예복은 그를 회중으로부터(from) 구별하는 것이 아니라 회중을 위해(for) 그리스도께서 그를 불러 하게 하신 일을 하도록 구별한다.

설교단에 선 목회자와 매우 친한 관계라면 이런 말이 이상하게 들릴지도 모른다. 사역자가 성도들과 자연스럽게 아주 친근하게 어울리며 친해지는 시간과 장소가 있을 것이다. 그러나 설교단에 선 시간만큼은 아니다. 설교단에서는 사역자는 여러분의 사역자이다. 그는 여러분의 영혼에 영적 양식을 먹임으로써 주님을 섬긴다.

교회사의 실천

내가 예복을 입는 또 다른 이유는 종교개혁 시대부터 아주 최근까지 개신교 목사들이 예배를 섬길 때 예복을 입었기 때문이다. 따라서 예복은 **우리가 역사적 기독교 교회의 일원임을 강조한다.**[3]

그렇지만 어떤 사람들은 설교 예복이 지나치게 로마 가톨릭스럽다고 생각한다. 그러나 실제로, 설교 예복은 로마 가톨릭교회에서 비롯된 것이 아니라, 고대 교회에서 입었던 것이다. 예를 들면, 라오디게아 종교회의(4세기 중엽)는 "차부제(부제 직분 아래 서열)는 영대(예배식 스카프)를 입을 권리가 없다"(Canon 22)고 말했다. 또 다른 예로 고대 도상학이나 고대 미술을 보면 구별된 옷을 입은 성직자를 볼수 있다. 우리 개신교 선조들과 그 이후 영국과 미국의 청교도들은 모두 설교 예복을 입었다.

---

3. 예복의 역사에 관한 뛰어난 요약은 *The Oxford History of Christian Worship*, 841 –57을 보라.

뿐만 아니라, 개신교 목사가 입는 설교 예복과 로마 가톨릭교회의 사제복 사이에는 큰 차이점이 있다. 우리 사역자들은 사제가 아니라 목사이자 설교자이다. 개혁가들은 이런 이유로 사제복 사용을 중단했다. 공교하고, 복잡하고, 지나치게 상징적인 사제복 대신에 단정하고 검소하고 꾸미지 않은 검은 예복을 입고 설교를 했다. '거룩한' 예전적 예복은 사라졌지만, 그 대신에 목회자들은 소박한 예전적 예복을 입었다. 1524년에 마틴 부처가 스트라스부르크의 모든 개신교 목사들을 대신하여 이렇게 변한 합리적인 이유를 다음과 같이 설명했다.

…우리는 교회에서 성경적 근거가 없는 모든 것, 그리고 성경으로 정당성을 입증받지 못한 채 성만찬에 첨가되어 그 결과 그리스도와 하나님의 자비에 누를 끼친 모든 것을 완전히 폐지하였다…회중을 섬기는 종인 성직자는 앨브, 영대(領帶), 제의(祭衣) 등과 같은 특별한 예복을 입지 않고, 우리가 보통 성가복이라 부르는 예복을 입는다.[4]

부처는 같은 논문에서 "로마 가톨릭의 사제복은 왜 폐지되었는가"에 대해 한 장 전체를 할애하여 설명했다. 그는 이 장에서 예복을 갖춰 입은 구약의 대제사장의 예는 로마 가톨릭의 주장과는 달리 그들의 사제직에 해당하지 않는다고 설명했다. 부처는 다음과 같이 말했다.

그리스도는 아론 계통에서 난 우리의 대제사장이시다…그분이 입으신 제사장 예복과 우리가 입은 제사장 예복(우리는 참된 믿음 안에서 그분과 연합되었기에 우리도 제사장이다)은 손으로 만든 것이 아니라 그리스도 안에 있는 진리, 공의, 의 같은 것들로 이루어진 영적 천으로 만든 것이다.[5]

---

4. Cypris, *Basic Principles*, I, 2.

5. Cypris, *Basic Principles*, V, 68.

오늘날의 교회

설교하고 예배를 인도하면서 예복을 입는 세 번째 이유
는, 목회자는 중상류 기업을 이끄는 사업가가 아니라 예
수 그리스도의 사역자이기 때문이다. 목회자가 예복을 입
지 않는 교회에서도, 목회자는 적어도 검은 양복에 잘 다
려진 셔츠와 보수적인 타이를 매야 한다는 생각을 가지고
있다. 우리 사회에서 이러한 복장은 변호사나 사업가들이
주중에 입는 유니폼이다. 이러한 "유니폼"은 종종 우리가
사역하는 교회와 공동체에 잘못된 메시지를 전달한다. 우
리는 문화의 상징들에서 권위를 얻는 것이 아니라 그리스
도와 그분의 말씀으로부터 권위를 얻는다.

문화는 또한 너무 극단적으로 격식을 허물도록 유혹한
다. 일주일 내내 양복과 회사 유니폼을 입은 탓에 사람들
은 종종 교회에 와서는 긴장을 풀고 싶어 한다. 그러나 예
복은 **우리가 시대 정신과 우리 자신을 동일시하지 않는
다는 것을 강조한다.** 예복은 회중이 모든 문화를 초월하
는 그리스도의 사역과 사도적 교리에 집중하게 한다. 양

복을 살 여유가 없거나 일요일에 교회에 입고 갈 마땅한 옷이 없는 사람들을 위해 예복은 균형을 잡아주며 이렇게 말해준다. "우리는 중상류층 미국인이 아니라 여기서는 그리스도인입니다."

그러므로 예복을 입음으로써, 성경이 직분에 대해 가르치는 것, 역사적 교회가 실천해 왔던 것, 개신교가 지난 500년간 행했던 일을 똑같이 행하고 있는 셈이 된다. 또한 사역자를 회사 경영인 혹은 허물 없는 친구로 취급하려는 미국 교회의 흐름에 반기를 드는 것이 된다.

참고문헌

Ⅰ

Ⅰ

Castleman, Robbie. *Parenting in the Pew*. Downers Grove: Inter-Varsity Press, 1993.

Clarkson, David. "Public Worship to be Prefered Before Private." In *The Works of David Clarkson*, 3 vols., 3.187–209. 1864, repr., Edinburgh: Banner of Truth, 1988.

Cypris, Ottoman Frederick. *Basic Principles: Translation and Comentary on Martin Bucer's Grund und Ursach*, 1524. Th.D diss., Theological Seminary of New York, 1971.

Hyde, Daniel R. "According to the Custom of the Ancient Church? Examining the Roots of John Calvin's Liturgy." *Puritan Reformed Journal* 1:2 (June 2009) 189–211.

———. *In Defense of the Descent: A Response to Contemporary Critics*. Grand Rapids: Reformation Heritage Books, 2010.

———. *In Living Color: Images of Christ and the Means of Grace*. Grandville: Reformed Fellowship, 2009.

―――. *Jesus Loves the Little Children: Why We Baptize Children*. 2006; Grandville: Reformed Fellowship, second edition 2012)

―――. "Lift Up Your Hearts: Increasing the Use of the Sursum Corda." Reformed Worship 82 (December 2006) 33 – 35.

―――. "Lost Keys: The Absolution in Reformed Liturgy." *Calvin Theological Journal* 46:1 (April 2011) 140 – 66.

―――. "Lutheran Puritanism? Adiaphora in Lutheran Orthodoxy and Possible Commonalities in Reformed Orthodoxy." *American Theological Inquiry* 2:1 (January 2009) 61 – 83.

――― *Welcome to a Reformed Church: A Guide for Pilgrims*. Orlando: Reformation Trust Publishing, 2010. 《개혁교회에 오신 것을 환영합니다》(부흥과개혁사 역간)

Lloyd-Jones, D. Martyn. *Preaching and Preachers*. Grand Rapids: Zondervan, 1971.

Psalter Hymnal. Grand Rapids: Christian Reformed Church, 1976.

Ryle, J. C. *Expository Thoughts on John: Volume 3*. 1873; Edinburgh: Banner of Truth, reprinted 1999.

Sing! a new creation. Grand Rapids: CRC Publications, 2001.

The Oxford History of Christian Worship, ed. Geoffrey Wainwright and Karen B. Westfield Tucker. New York: Oxford University Press, 2006.

Trinity Hymnal. 1990; Atlanta: Great Commission Publications,
fourth printing 1994.

개혁된 실천 시리즈 ────────

1. 조엘 비키의 교회에서의 가정
설교 듣기와 기도 모임의 개혁된 실천
조엘 비키 지음 | 유정희 옮김

이 책은 가정생활의 두 가지 중요한 영역에 대한 실제적 지침을 포함하고 있다. 첫째, 공예배를 위해 가족들을 어떻게 준비시켜야 하는지, 설교 말씀을 어떻게 받아야 하는지, 그 말씀을 어떻게 실천해야 하는지 설명한다. 둘째, 기도 모임이 교회의 부흥과 얼마나 관련이 깊은지 역사적으로 고찰하면서, 기도 모임의 성경적 근거를 제시하고, 그 목적을 설명하며, 나아가 바람직한 실행 방법을 설명한다.

2. 존 오웬의 그리스도인의 교제 의무
그리스도인의 교제의 개혁된 실천
존 오웬 지음 | 김태곤 옮김

이 책은 그리스도인 상호 간의 교제에 대해 청교도 신학자이자 목회자였던 존 오웬이 저술한 매우 실천적인 책으로서, 이 책에서 우리는 청교도들이 그리스도인의 교제를 얼마나 중시했는지 엿볼 수 있다. 이 책은 그리스도인의 교제에 대한 핵심 원칙들을 담고 있다. 교회 안의 그룹 성경공부에 적합

하도록 각 장 뒤에는 토의할 문제들이 부가되어 있다.

3. 개혁교회의 가정 심방
가정 심방의 개혁된 실천
피터 데 용 지음 | 조계광 옮김

목양은 각 멤버의 영적 상태를 개별적으로 확인하고 권면하고 돌보는 일을 포함한다. 이를 위해 교회는 역사적으로 가정 심방을 실시하였다. 이 책은 외국 개혁교회에서 꽃피웠던 가정 심방의 실제 모습을 보여주며, 한국 교회 안에서 행해지는 가정 심방의 개선점을 시사해준다.

4. 네덜란드 개혁교회의 자녀양육
자녀양육의 개혁된 실천
야코부스 꿀만 지음 | 유정희 옮김

이 책에서 우리는 17세기 네덜란드 개혁교회 배경에서 나온 자녀양육법을 살펴볼 수 있다. 경건한 17세기 목사인 야코부스 꿀만은 자녀양육과 관련된 당시의 지혜를 한데 모아서 구체적인 282개 지침으로 꾸며 놓았다. 부모들이 이 지침들을 읽고 실천하면 큰 도움을 받을 수 있게 하였다. 의도는 선하더라도 방법을 모르면 결과를 낼 수 없다. 우리 그리스도인 부모들은 구체적인 자녀양육 방법을 배우고 실천

해야 한다.

5. 신규 목회자 핸드북
제이슨 헬로포울로스 지음 | 리곤 던컨 서문 |
김태곤 옮김

이 책은 새로 목회자가 된 사람을 향
한 주옥같은 48가지 조언을 담고 있
다. 리곤 던컨, 케빈 드영, 앨버트 몰러,
알리스테어 베그, 팀 챌리스 등이 이
책에 대해 극찬하였다. 이 책은 읽기
쉽고 매우 실천적이며 유익하다.

6. 신약 시대 신자가
왜 금식을 해야 하는가
금식의 개혁된 실천
대니얼 R. 하이드 지음 | 김태곤 옮김

금식은 과거 구약 시대에 국한된, 우리
와 상관없는 실천사항인가? 신약 시대
신자가 정기적인 금식을 의무적으로
행해야 하는가? 자유롭게 금식할 수
있는가? 금식의 목적은 무엇인가? 이
책은 이런 여러 질문에 답하면서, 이
복된 실천사항을 성경대로 회복할 것
을 촉구한다.

7. 개혁교회 공예배
공예배의 개혁된 실천
대니얼 R. 하이드 지음 | 이선숙 옮김

많은 신자들이 평생 수백 번, 수천 번
의 공예배를 드리지만 정작 예배에 대
해서 제대로 이해하지 못하는 경우가
많다. 당신은 예배가 왜 지금과 같은
구조와 순서로 되어 있는지 이해하고
예배하는가? 신앙고백은 왜 하는지,
목회자가 왜 대표로 기도하는지, 말씀
은 왜 읽는지, 축도는 왜 하는지 이해
하고 참여하는가? 이 책은 분량은 많
지 않지만 공예배의 핵심 사항들에 대
하여 알기 쉽게 알려준다.

8. 아이들이 공예배에
참석해야 하는가
아이들의 예배 참석의 개혁된 실천
대니얼 R. 하이드 지음 | 유정희 옮김

아이들만의 예배가 성경적인가? 아니
면 아이들도 어른들의 공예배에 참석
해야 하는가? 성경은 이에 대해 무엇
을 말하는가? 아이들의 공예배 참석은
어떤 유익이 있으며 실천적인 면에서
주의할 점은 무엇인가? 이 책은 아이
들의 공예배 참석 문제에 대해 성경을
토대로 돌아보게 한다.

9. 마음을 위한 하나님의 전투 계획
청교도가 실천한 성경적 묵상
데이비드 색스톤 지음 | 조엘 비키 서문 | 조계
광 옮김

묵상하지 않으면 경건한 삶을 살 수
없다. 우리 시대에 일어나고 있는 일
이 바로 이것이다. 오늘날은 명상에 대
한 반감으로 묵상조차 거부한다. 그러
면 무엇이 잘못된 명상이고 무엇이 성
경적 묵상인가? 저자는 방대한 청교도
문헌을 조사하여 청교도들이 실천한

묵상을 정리하여 제시하면서, 성경적 묵상이란 무엇이고, 왜 묵상을 해야 하며, 어떻게 구체적으로 묵상을 실천하는지 알려준다. 우리는 다시금 이 필수적인 실천사항으로 돌아가야 한다.

10. 장로와 그의 사역
장로 직분의 개혁된 실천
데이비드 딕슨 지음 | 김태곤 옮김

장로는 무슨 일을 하는 사람인가? 스코틀랜드 개혁교회 장로에게서 장로의 일에 대한 조언을 듣자. 이 책은 장로의 사역에 대한 지침서인 동시에 남을 섬기는 삶의 모델을 보여주는 책이다. 이 책 안에는 비단 장로뿐만 아니라 모든 그리스도인이 본받아야 할, 섬기는 삶의 아름다운 모델이 담겨 있다. 이 책은 따뜻하고 영감을 주는 책이다.

11. 북미 개혁교단의 교회개척 매뉴얼
URCNA 교단의 공식 문서를 통해 배우는 교회개척 원리와 실천

이 책은 북미연합개혁교회(URCNA)라는 개혁 교단의 교회개척 매뉴얼로서, 교회개척의 첫 걸음부터 그 마지막 단계까지 성경의 원리에 입각한 교회개척 방법을 가르쳐준다. 모든 신자는 함께 교회를 개척하여 그리스도의 나라를 확장해야 한다.

12. 예배의 날
제4계명의 개혁된 실천
라이언 맥그로우 지음 | 조계광 옮김

제4계명은 십계명 중 하나로서 삶의 골간을 이루는 중요한 계명이다. 하나님의 뜻을 따르는 우리는 이를 모호하게 이해하고, 모호하게 실천하면 안 되며, 제대로 이해하고, 제대로 실천해야 한다. 이를 위해 우리는 이 계명의 참뜻을 신중하게 연구해야 한다. 이 책은 가장 분명한 논증을 통해 제4계명의 의미를 해석하고 밝혀준다. 하나님은 그날을 왜 제정하셨나? 그날은 얼마나 복된 날이며 무엇을 하면서 하나님의 복을 받는 날인가? 교회사에서 이 계명은 어떻게 이해되었고 어떤 학설이 있고 어느 관점이 성경적인가? 오늘날 우리는 이 계명을 어떻게 지킬 것인가?

13. 질서가 잘 잡힌 교회 (근간)
교회 생활의 개혁된 실천
윌리암 뵈케슈타인, 대니얼 하이드 공저

이 책은 두 명의 개혁파 목사가 교회에 대해 저술한 책이다. 이 책은 기존의 교회성장에 관한 책들과는 궤를 달리하며, 교회의 정체성, 교회 안의 다스리는 권위 체계, 교회와 교회 간의 상호 관계, 교회의 사명 등 네 가지 영역에서 성경적 원칙이 확립되고 '질서가 잘 잡힌 교회'가 될 것을 촉구한다. 이 네 영역 중 하나라도 잘못되고 무

질서하면 그만큼 교회의 삶은 혼탁해지며 교회는 약해지게 된다. 어떤 기관이든 질서가 잘 잡혀야 번성하며, 교회도 예외가 아니다.

14. 장로 직분 이해하기(근간)
모든 성도가 알아야 할 장로 직분

제랄드 벌고프, 레스터 데 코스터 공저

하나님은 복수의 장로를 통해 교회를 다스리신다. 복수의 장로가 자신의 역할을 잘 감당해야 교회 안에 하나님의 통치가 제대로 편만하게 미친다. 이 책은 그토록 중요한 장로 직분에 대한 성경의 가르침을 정리하여 제공한다. 이 책의 원칙에 의거하여 오늘날 교회 안에서 장로 후보들이 잘 양육되고 있고, 성경이 말하는 자격요건을 구비한 장로들이 성경적 원칙에 의거하여 선출되고, 장로들이 자신의 감독과 목양 책임을 잘 수행하고 있는가? 우리는 장로 직분을 바로 이해하고 새롭게 실천하여야 할 것이다. 이 책은 비단 장로만을 위한 책이 아니라 모든 성도를 위한 책이다. 성도는 장로를 선출하고 장로의 다스림에 복종하고 장로의 감독을 받고 장로를 위해 기도하고 장로의 직분 수행을 돕고 심지어 장로 직분을 사모해야 하기 때문에 장로 직분에 대한 깊은 이해가 필수적이다.

15. 집사 직분 이해하기(근간)
모든 성도가 알아야 할 집사 직분

제랄드 벌고프, 레스터 데 코스터 공저

하나님의 율법은 교회 안에서 곤핍한 자들, 외로운 자들, 정서적 필요를 가진 자들을 따뜻하고 자애롭게 돌볼 것을 명한다. 거룩한 공동체 안에 한 명도 소외된 자가 없도록 이러한 돌봄이 잘 이루어져야 한다. 이 일은 기본적으로 모든 성도가 힘써야 할 책무이지만 교회는 특별히 이 일에 책임을 지고 감당하도록 집사 직분을 세운다. 오늘날 율법의 명령이 잘 실천되어 교회 안에 사랑과 섬김의 손길이 구석구석 미치고 있는가? 우리는 집사 직분을 바로 이해하고 새롭게 실천하여야 할 것이다. 그것은 교회 공동체를 향한 하나님의 거룩한 뜻이다.

16. 건강한 교회 만들기(근간)
생기 넘치는 교회 생활과 사역을 위한 성경적 전략

도날드 맥네어, 에스더 미크 공저, 브라이언 채플 서문

이 책은 미국 P&R 출판사에서 출간된 책으로서, 교회라는 주제를 다룬다. 저자는 교회를 재활성화시키는 것을 돕는 컨설팅 분야에서 일하면서, 많은 교회의 문제점을 진단하고 개선을 유도하면서 교회들을 섬겼다. 교회 생활과 사역은 침체되어 있으면 안 되며 생기가 넘쳐야 한다. 저자는 탁상공론을 하

지 않는다. 이 책에서 그는 교회의 관행과 관련된 여러 가지 실제적 문제점을 진단하고, 그 개선책을 제시하면서, 생기 넘치는 교회 생활과 사역을 위한 실천적 방법을 명쾌하게 예시한다. 그 방법은 인위적이지 않으며 성경에 근거한 지혜를 담고 있다.

17. 9Marks 힘든 곳의 지역 교회(근간)

가난하고 곤고한 곳에 지역 교회가 어떻게 생명을 가져다 주는가

메즈 맥코넬, 마이크 맥킨리 지음 | 김태곤 옮김

이 책은 각각 브라질, 스코틀랜드, 미국 등의 빈궁한 지역에서 지역 교회 사역을 해 오고 있는 두 명의 저자가 그들의 실제 경험을 바탕으로 쓴 책이다. 이 책은 그런 지역에 가장 필요한 사역, 가장 효과적인 사역, 장기적인 변화를 가져오는 사역이 무엇인지 가르쳐준다. 힘든 곳에 사는 사람들을 긍휼히 여기는 마음이 있다면 꼭 참고할 만한 책이다.

18. 9Marks 마크 데버, 그렉 길버트의 설교(근간)

신학과 실천의 만남

마크 데버, 그렉 길버트 지음 | 이대은 옮김

1부에서는 설교에 대한 신학을, 2부에서는 설교에 대한 실천을 담고 있고, 3부는 설교 원고의 예를 담고 있다. 이 책은 신학적으로 탄탄한 배경 위에서 설교에 대해 가장 실천적으로 코칭하는 책이다.